모두가 평화로울 것이다.

문재인 대통령의 지지율이 높은 동안엔…

문재인과 친노 죽이기

문재인과 친노 죽이기

초판 1쇄 발행 2017년 12월 14일

지은이 유재일
펴낸이 변선욱
펴낸곳 왕의서재
마케팅 변창욱
삽화 류재운
디자인 우리와미디어

출판등록 2008년 7월 25일 제313-2008-120호
주소 서울시 양천구 목동서로 186(목동 919) 성우네트빌 1411호
전화 02-3142-8004
팩스 02-3142-8011
이메일 latentman75@gmail.com
블로그 blog.naver.com/kinglib

ISBN **979-11-86615-27-0 03300**

책값은 표지 뒤쪽에 있습니다.
파본은 구입하신 서점에서 교환해드립니다.

이 도서의 국립중앙도서관 출판예정도서목록(CIP)은 서지정보유통지원시스템 홈페이지(http://seoji.nl.go.kr)와 국가자료공동목록시스템(http://www.nl.go.kr/kolisnet)에서 이용하실 수 있습니다.(CIP제어번호: CIP2017031693)

문재인과 친노 죽이기

노무현과 유시민…
이제 문재인을 무력화하려는
민주당, 진보 진영의
정파와 이너서클

유재일 지음

황의 서재

머리말

왜 지금 싸우는 친노여야 하나

처음엔 가벼운 마음으로 유튜브 에피소드 하나하나를 정리해서 책을 쓸 계획이었다. 여러 정치 파트를 가볍게 다루려 했던 책은 결국 노무현, 문재인, 그리고 유시민의 진정한 유산과 민주당, 진보세력의 민낯을 다룬 책이 되고 말았다. 노무현과 유시민이 같은 당 동지들에게 차마 하지 못한 얘기들을 내가 대신했다고 생각한다.

나는 93학번이다. 대학가에서 운동이 저무는 것이 확연한 시기의 첫 학번. X세대란 이름으로 소비세대의 첫 등장을 알리고, 김영삼 정부가 들어서며 민주화의 첫 단추가 끼워지는 걸 지켜봤다.

나의 첫 국회의원 선거는 96년 총선이었다. 정치학과 4학년이던 그때는 3김 정치 이후를 기대하며 꼬마 민주당을 지지했었다. 이태원에 살면서 용산의 강창성, 종로의 노무현 두 곳을 주로 돌아다니며 선거를 지켜봤다. 노무현은 종로에서 3위를 했다. 1위는 이명박이었다.

난 종로에서 연설하던 노무현이 좋았다. 사람 냄새나서 좋았고 말을 잘해서 좋았고 똑똑해서 좋았다. 정치학과 4학년이던 나는 군대를 다녀오면 노무현 의원 사무실에 이력서를 낼 작정이었다. 대학원생 시절엔 하로동선에서 이력서 낼 테니 빨리 당선되시라고 했던 기억이 있다. 그야말로 노무현의 팬이었다.

제대하니 2002년 1월 말. 꿈만 같은 일들이 현실이 된 마법의 2002년은 초현실적으로 빠르게 지나갔고, 나는 노무현 대통령이 당선된 날 만취 상태로 통곡을 했다. 주군을 만나서 제갈량 같은 참모를 정치학도로서의 진로는 거기까지였다.

회사에 다니면서도 마음은 정치판에 가 있었다. 그 와중에 눈에 들어온 정치인이 있었다. 유시민이었다. 유시민 의원이 보좌관 뽑는다는 소식을 들었지만 여러 정황상 이력서를 낼 수가 없었다. 시민광장 모임에서 본 유시민은 스타였다. 그를 둘러싼 인의 장막은 이미

겹겹이 처져 있었다. 머뭇거리는 사이 난 직업으로서의 정치와 멀어져만 갔다.

정치 마니아(덕후)면서 어디에 글을 쓰거나 활동을 하진 않았다. 대단히 냉소적으로 타인의 글을 품평이나 했지. 2007년이었을까. 유시민이 처절하게 패배하는 모습을 보며 난 나라면 어떻게 했을 텐데 저런 전술적 판단을 했을 텐데 하는 참모 놀이를 시작했다.

정치는 관심은 가지만 나와는 상관없다는 냉소를 품고 살다가 노무현 대통령이 서거한 2009년 5월 23일이 오고 말았다. 자신이 싫어지기 시작했다. 나의 냉소가 싫고 엇갈린 인생의 여러 순간이 원통했다. 무엇을 해야 하나 또 무엇을 할 수 있을까?

노무현 대통령의 서거는 정치에 관한 나의 태도를 180도 바꾸어 놨다. 노무현 대통령 서거 이후 친노의 구심점으로 유시민이 떠올랐다. 그런 유시민은 끊임없이 패배를 거듭했다. 김해 보궐선거에서도

지고 경기도지사에서도 지고.

지금 은퇴한 유시민을 보고 있으면 착잡하다. 민주당 당헌 당규의 문제점을 지적하고 권리당원의 정치적 권한을 강화하려는 내 움직임은 결국 유시민의 노선 아니던가? 유시민 죽이기라는 책을 써야 하는 거 아닌가 싶은데 그건 정치은퇴를 한 사람에 대한 예의가 아닌 것 같다. 평온한 삶을 사시라. 대중참여형 정당은 뭐 어떻게든 만들어 볼 테니.

2011년 문재인 대통령이 정계에 들어올 조짐을 보일 때, 난 민주당이 친노 얼굴마담을 영입한다고 판단했다. 한데 문재인이 호락호락 얼굴마담만 할 사람일까? 절대 그럴 것 같지 않았다. 유시민 꼴보기 싫다고 문재인을 선택한 민주당인데, 문재인은 어떻게 세력을 형성하는지 지켜볼까?

결과는 낙제점이었다. 2012년 문재인은 민주당에 이용만 당했다. 총선이 끝나자 민주당 국회의원들은 대선주자 문재인을 외면했다. 대통령 후보 문재인을 향한 그들의 냉소는 듣는 내가 다 민망한 수준이었다. 노무현 없으면 아무것도 아니잖아, 정치적 자산이 뭐가 있어 등등.

당시 나꼼수가 만들어 놓은 팟캐스트 공간은 여러 가능성을 열어주었다. 하지만 나꼼수는 선거여론을 진두지휘할 사령탑은 아니었다. 이명박을 향한 분노의 구심점은 되었지만, 안철수를 향한 민주당 안의 기회주의적 구애와 경선 과정에서 벌어지는 민주당 정파들 이야기는 꺼내지 않았다. 문재인을 띄우지만, 야권의 제 세력들 사이에서 중립적인 야권 방송. 그것이 나꼼수였다.

2012년 패배 이후 나는 한나라당, 새누리당보다 민주당을 더 싫어하게 됐다. 친노를 잡아 죽이지 못해서 안달이 난 것들. 친노를 선거에선 이용하지만, 친노가 당권을 잡는다거나 세력화하는 꼴은 절대로 못 보는 인간들.

대선 패배 이후 민주당에서 온갖 책임론과 비난을 다 들어가며 묵묵히 참고 있는 문재인 의원은 슬슬 내 마음속에서도 친노의 구심점으로 자리매김해 갔다. '으아, 답답한 유시민. 으아, 더 답답한 문재인!'

2015년 당 대표가 된 문재인 후보가 그 이후로 겪는 일들을 보며 '저 사람은 인내심의 화신이구나'라는 생각을 품게 됐다. '친노는 저 사람이 살리겠구나. 친노가 정치세력화하려면 저렇게 기둥처럼 버텨줘야 하는 사람이 있어야 하는 거구나.' 문제는 기둥처럼 버티면 누군가는 기와를 올려야 할 텐데 그럴 사람이 보이지 않았다. 사방팔방 하이에나들만 득실거리는데 그 하이에나들로부터 문재인을 지킬 친위대가 보이지 않았다.

나는 결국 '싸우는 친노'를 선언하고 각종 프레임을 설파하며 문재인을 지키는 온라인 친위대 중 한 명이 됐다. 문재인 대통령이 나를 찾은 적도 없고 누군가가 날 모사로 등용하기 위해 찾아온 적도 없다.

나는 스스로 대중의 모사가 되었고 프레임 이니시에이터(개시자)가 되었다. 지금 이 순간, 대선이 끝난 이후에도 중요 고비마다 맘대로 난리를 치고 있다. 유시민은 은퇴했다는데 유시민을 보쌈하겠다고 맘대로 지껄이고, 다들 문재인 대통령의 리더십을 칭송할 때 정파들의 문제를 얘기하고 민주당의 당헌 당규를 지적한다. 여성주의와 NL 연합이 심상찮다고 이야기하며 심지어 위안부 문제와 징용노동자상 문제까지 기존 진보 정파들의 무리수라고 태클을 걸고 있다.

민주당의 민낯을 이해하는 한 가지

돈, 권력, 섹스, 마약, 그리고 청와대. 박근혜 집권 아래 한국 정치는 상식의 마지막 저항선이 붕괴했다. 드러난 참혹함을 그 어찌 다 형용할 수 있으랴! 최순실 게이트가 터지기 전에 내게 밀려온 전조가 있었다. 메갈 사태다. 그 진원지인 정의당 당원 게시판에서 '씹치아재'*란 황망한 공격을 받고 난 길을 잃고 말았다.

내가 믿던 진보 정당, 진보 언론, 그리고 지식인들은 한국남성의 왜소 성기를 지적했다. '내가 뭘 그리 잘못했기에 이런 험한 말을 계속 들어야 하나?' 믿었던 정당이 나를 내동댕이치는 기분, 처음은 아니었다. '그래 정치에 관심을 끊자. 여긴 미친 연놈들만 득실대는

* 메갈 용어는 기본적으로 일베 용어를 빌린 것이다. 여성을 김치녀로 폄훼하는 것에 맞서 만든 울트라 페미니스트들의 용어가 씹치남이다. 아저씨의 축약어인 아재와 씹치남을 합성해 나온 말이 씹치아재다. 상당히 공격적이고 모욕적인 언사다.

곳, 다시는 뒤도 돌아보지 말자.'

정의당을 탈당하기로 마음은 먹었는데 너무도 억울했다. 96년 꼬마 민주당 시절부터니 딱 20년. 열린우리당이고 민주노동당이고 참여당이고 정의당이고 내가 후원을 하거나 마음이 가거나 당원에 가입했던 모든 정당이 붕괴했다. 정의당은 아직인가? 뭐 곧…

폐허가 된 마음에 칼 세이건마저 위로가 되지 않았다. 사과 파이를 먹던 그가 구글플렉스를 설명하면서 숫자 영이 무한히 반복되는 두루마리를 펼치며 걷는 장면에 영 대신 작렬하기 시작한 욕설, 181818181818… 난 벌떡 일어났다. 노트북을 열고 중얼거렸다. 나의 유튜브 채널은 그렇게 시작됐다.

너희는 절대로 정파, 당파, 계파 이런 것에서 자유롭지 않아. 어디서 뻔뻔하게 통합이니 결집이니 얘기하며 그게 미덕인 척해. 그러면서 만날 뒤통수치고. 너희끼리 사기 치고 속고 속이고 그러다 발끈하고, 욕하고, 밑천 드러나 결국 망하고.

그런 진보의 민낯을 아닌 척 모르는 척 외면하는 진보 언론과 팟캐스트들. 노유진의 정치카페에서 언제 한 번 인천연합이니 경기동부연합이니 울산연합이니 참여계니를 말한 적이 있나? 민주당 팟캐스트에서 어디 친노와 동교동의 갈등 얘기를 한 적 있나? 없다. 결국, 선택된 정보를 주입하는 건 진보 진영도 다르지 않았다.

기존 언론에 신뢰를 접고 난 스스로 정보를 찾기 시작했다. 그러던 중 언론에 대한 불신이 폭발한 건 정윤회 문건이 언론사에서 유통됐다는 걸 안 직후였다. 그러니까 알 만한 사람들은 최순실 권력 1위의 문건을 다 봤다는 얘기.

내가 박근혜에 대한 풍문을 들었던 건 90년대 중반으로 박근혜가 정계에 데뷔하기도 전이다. 흉측한 소문은 그를 불쌍히 여기게 했다. 바보같이. 그게 사실일지도 모른다는 생각은 하지도 못했다. 한 노인이 젊은 영애를 정신적, 육체적으로… 설마?

그 설마가 사실로 윤곽이 잡히고 조선일보가 어떤 이유에서인지 슬슬 몇 가지 사실을 흘리기 시작한 시점이 2016년 봄이다. 그 자료들을 확인하기 시작했다. 서로서로 눈치 보는 언론들. 부글부글 끓어올라 넘치기 시작하는 팩트들. 언론들이 뜸을 들이는 그 시간을 못 참고 난 "박근혜 정권은 오늘 사실상 붕괴했다."라고 선언해 버렸다.

어마어마한 악성 댓글(악플)과 함께 전쟁 같은 시간이 시작됐다. 상식과 현상의 간극이 엄청나게 벌어진 최순실 게이트 정국에서 난 해설하고 사람들은 듣고 쑥스럽게도 정치평론이란 걸 하게 됐다. 강제 소환 정치평론가!

어찌 보면 시대의 부름이고 또 어찌 보면 오지랖이고. 수많은 문답이 오고 가는 동안 한 주의 누적 페이지뷰는 150~200만에 육박했다. 보고 또 보는 독자들. 광고도 일부러 끝까지 봐주는 그분들을 위해 난 뭔가 체계화된 기록을 남길 필요를 느꼈다. 그래 쓰자. 정치에 관해 쓰자.

2002년 이후의 한국 정치는 '정파로서의 친노'라는 키워드로 분석된다. 정의당 메갈 사태로부터 나는 친노 최대의 정적이 재야운동권이라고 인식했다. 그 인식은 노무현을 거치고 세 번의 대선을 관통하며 문재인 대통령 집권 초부터 불거진 인사문제에서 유용한 시사점을 던져주고 있다.

문재인 대통령의 뒤를 이을 친노 대중 정치인 그 누구도 노무현, 유시민, 문재인이 당한 이 맹공에서 벗어나지 못할 것이다. 어쩌면 이미 다음을 이을 친노의 명맥을 끊어진 상태일 수도 있다. 다음 주자가 나타날까? 나타난다면 다음 주자를 어떻게 지켜내는가? 대중이 선택한 정치인이 조직적 기반이 없다면 조직 정치인들의 맹공으로부터 어떻게 지켜내는가? 그것이 숙제다.

차례

4 악마가 만들어지는 적폐 구조

5 숨겨놨던 이야기들

1

문재인은 고립됐다

1

박기영 사태, 대통령을 지켜내는 길은 정파 투쟁

처음엔 단순했다. 왜 이리도 논란이 있는 사람을 임명했을까? 누가 추천한 건가? 앞뒤 정황을 보니 누군가가 박기영 교수를 청와대로 들이민 게 아니었다.

민정수석 시절, 문재인은 황우석 사태를 수습하는 담당자였다. 당시 박기영 보좌관과 함께 근무하며 직접조사를 한 당사자도 당시 문재인 민정수석이었다. 황우석 사태와 관련해 박기영이 문제가 있다면 누구보다 그 사실을 잘 알고 있을 사람이 지금의 문재인 대통령이었다. 문재인 대통령이 누군가의 천거로 박기영을 인식할 상황은 아니었다는 거다. 문재인 대통령은 박기영이 어떤 사람인지 그 누구보다 직접 알고 있을 위치에 있었다.

이건 문재인 대통령이 직접 챙긴 인사다. 나의 판단은 그랬다. 문재인 대통령 본인에게 물어보진 못했지만, 여러모로 확인했다. 문재인 대통령이 직접 한 인사다. 그런데 왜 참담한 사태가 발생했을까? 문재인 대통령이 사람 보는 눈이 없어서? 일단 사실관계를 확인해보기 시작했다.

ESC(Engineers and Scientists for change, 변화를 꿈꾸는 과학기술인 네트워크)가 박기영을 향한 포문을 연 주체였다. 박기영이 황우석 사태에서 주도적 역할을 한 사람이라는 것이 그 주장이었다.

황우석이 우리 언론에 노출된 건 김영삼 정부 시절부터였다. 1993년 시험관 송아지, 1999년 3월 복제 송아지 영롱이와 진이의 이름을 붙여 준 사람은 김대중 대통령이었다. 황우석이 노무현 정부에서 키운 스타 과학자란 말은 우선 성립이 되지 않는다. 김영삼 정부, 김대중 정부에도 이미 황우석은 스타였다.

노무현 대통령이 황우석 연구실을 방문한 2003년 12월 10일은 박기영 교수가 청와대 보좌관에 임명된 2004년 1월 30일보다 앞서 있었다. 박기영이 노무현 대통령과 황우석을 연결해줬다? 난센스다.

머릿속에 찬바람이 훅 불어왔다. 탁현민에 이어 박기영까지. 청와대가 문재인의 인사권을 존중하지 않는구나. 탁현민을 방어하는 과정에서 난 민평련을 공격했다. 민평련의 정파적 스탠스를 유지하며 방송하는 BJ가 탁현민을 죽으라 공격하는 건 뭐고 인재근 의원이 끌고 들어온 여성계 인사들이 관여한 단체들이 탁현민을 공격하는 성명을 내는 건 또 뭐냐는 거였다.

다 같이 죽어보자는 내 공격은 탁현민을 둘러싼 전선을 붕괴시키는 데 일조했다. 그리고 우원식 대표와의 면담이 잡혔다. 처음엔 원내대표실에서 할 예정이었다. 우원식 대표에겐 미안했다. 민평련이란 이름으로 싸잡혀서 공격받을 사람이 아니었기 때문이다.

탁현민 전선에서 민평련으로 튄 유탄을 스스로 수거할 필요가 있었다. 2007년, 2012년 그리고 이번 2017년 경선을 거치면서 조성된 친노와 민평련과의 긴장도 좀 누그러뜨릴 필요가 있다고 판단했다.

그러나 그 판단은 박기영 교수 임명 사태를 거치며 흔들리기 시작했다. 문재인의 인사권을 흔드는 자 누구냐? 난 박기영 교수를 직접 만나보고 싶었다. 그리고 일정을 잡았다. 우원식 대표와 토론이 잡힌 그다음 날 난 순천으로 내려가는 기차를 타기로 했다.

나의 첫 번째 목표는 '사람 살리자'였다. 당신이 마녀사냥을 당한 걸 알고 있는 사람이 있고 당신 편이 있다는 걸 알려주고 싶었다. 박기영 교수는 자신이 속한 과학자 사회로부터 인격살인을 당한 상태였다.

그들 공격엔 거짓이 대단히 많았다. 박기영이 황우석과 함께한 공동연구는 줄기세포 연구에 필요한 사회적, 윤리적, 산업적 고찰에 관한 것이었다. 실험실과 전혀 상관없는 인문·사회과학적 세부과제였다. 그것도 과학기술 보좌관에 임명되기 3년 전인 2001년에 시작된 공동연구였다. 박기영이 논문조작과 관련 없다는 걸 그 누구보다 잘 알고 있는 과학계가 연구윤리로 박기영 교수를 공격했다. 언론을 통한 대중 이미지 조작이었다.

과학계가 조직적으로 박기영 교수를 공격한 건 임명된 직후부터였다. 사전에 임명 사실을 알고 준비하고 있었던 셈이다. 박기영의 임명 사실을 과학계로 알리고 공격을 준비시킨 자는 누구인가?

박기영 교수도 자신을 향한 공격이 치밀하게 준비되고 신속하게 진행된 것에 놀라워하고 있었지만, 그 실체를 파악하고 있진 않았다.

의혹은 한가득했다. 정파를 둘러싼 수많은 가설을 세우며 우린 다음과 같은 이야기를 나눴다. 문재인 대통령이 직접 임명한 식약처장은 반드시 세팅된 공격을 당할 것이다. 문재인 대통령에 부름을 받는다 해도 기꺼이 나설 사람이 없도록 이 자들은 씨를 말리는 세팅을 하는 거다. 또 하나, 창조과학회에서 누군가가 임명될 것이다.

두 달여 시간이 흐르면서 이것이 권력투쟁이구나, 자리다툼이구나 하는 걸 처절하게 알았다. 예산은 곧 이권이고 그 예산을 집행하는 자리에 오르기 위해선 피비린내 나는 정쟁을 겪어야 하는구나. 이건 정치 일반의 특징이지 문재인 정부의 문제는 아니다.

하지만, 문재인 대통령이 정파적 기반이 약한 대통령이라는 점, 민주당이 이 지지율과 수많은 친노 대중의 지지에 근간하면서도 친노 정파의 민주당이 아니라는 점을 직시했다.

지금 나는 민주당 당헌 당규를 지적하며 권리당원이 허울뿐인 주인이 아닌 대의원을 차지하고 민주당을 실체적으로 장악하고, 토건족 카르텔과의 연결고리를 끊을 투쟁을 전개하려 한다. 탁현민, 박기영을 둘러싼 정파들의 공격과 자리싸움이 나를 각성시킨 면이 크다.

2

노무현과 유시민, 또 문재인은 무엇과 싸웠고 싸우고 있나

어찌 됐건 이 이야기만은 해야 한다. 정파로서의 친노. 그 말랑말랑한 집단을 다른 정파들과 싸울 수 있는 집단으로 구성해내야 한다는 것, 내가 느낀 과제다. 2017년 대선과정의 주요 고비마다 싸우는 친노 프레임을 설파한 이유이기도 하다. 스스로 프레임 전쟁의 신호탄을 쏘는 자라는 의미의 프레임 이니시에이터라는 칭호를 붙였다.

2004년 노무현 탄핵정국과 그 승리를 곱씹어 보자. 보수는 괴멸했고 우리는 과반의석을 확보했다. 당시 우리는 민주화 투쟁의 최종 승리를 자축했다. 대통령과 과반의석. 87년 양 김 분열 이후 미완인 채로 진행되던 민주화는 드디어 노무현의 손에 완성되는 듯 보였다.

탄핵을 막기 위해 나선 대중의 승리. 우리는 이미 촛불의 승리를 경험했었다. 그 당시 노사모의 열기가 지금의 문꿀오소리(문재인+벌꿀오소리)보다 못 했을까? 아니다. 매우 뜨거운 동지애였다. 우리는 노무현을 통해 대통령을 만들고 지켜낸 경험을 동시에 했다. 그러나 그 승리는 오래가지 못했다. 2007년 이명박 당선으로 이어진 반동의 쓰나미 속에서 우리는 노무현을 잃었다. 복기해보자. 무엇이 문제였을까?

나는 우리가 우리 안의 정파 간 갈등을 간과하고 미봉책으로 봉합하기 급급했기에 노무현을 잃었다고 판단한다. 난 2017년 대선 국면에서 그 정파 간 갈등의 한가운데 서서 친노를 정파로 보고 다른 진보 진영 내의 정파를 진압해야겠다는 생각을 굳혔다.

정의당을 나오면서 볼셰비키 전술을 쓰는 진보 정파들의 모습을 분명히 봤다. 즉, 조직된 소수가 조직되지 않은 다수를 이기는 그 모습을 확인한 것이다. 정의당의 조직된 소수는 인천연합*과

* 인천연합은 정의당 내 정파다. 한때는 NL 최대 정파였으나 경기동부에 최대 정파 자리를 내주었다. 인천연합은 현실을 받아들여 주사노선에서 이탈했으나, 그것이 오히려 정파의 분열로 이어졌다. 대중적으로는 주사를 버리는 것이 옳은 일이었을지 몰라도 진보 진영 내부에서는 주사노선을 유지한 경기동부가 오히려 패권을 장악한 것 또한 진실이다. 이정미 대표를 필두로 한 인천연합은 통진당 사태를 겪으며 경기동부와 결별하고 정의당의 일원이 되었다. 현재는 정의당의 패권적 정파다. 인천연합 모두가 정의당에 가입된 상태는 아니고 일부 세력은 외곽에 있다. 결국, 자주노선 또는 주사노선을 둘러싼 정파 내 갈등의 불씨가 완전히 꺼진 것은 아니다.

진보결집플러스*였다. 조직되지 않은 다수는 친노 정파인 참여계였고. 난 민주당에서 그 파국이 다시 반복되는 것을 원치 않았다. 천호선, 유시민은 정파로서의 참여계를 해체한 상태였다. 그렇다면 민주당은?

* PD 계열 정파 연합이다. 심상정과 노회찬 등 진보신당 탈당파는 통진당으로 진보신당 조직을 끌고 오지는 못했다. 심상정과 노회찬을 따라나선 세력은 300명 남짓. 심상정과 노회찬은 정의당 내에서 세력이 없는 것. 심상정은 당 대표가 된 후 PD 계열, 노동당, 사회당, 녹색당, 김세균 등이 이끈 국민모임과의 통합을 추진했다. 그중 노동당(진보신당이 개명)을 탈당해 정의당으로 합류한 일파가 진보결집플러스다. 메갈 사태에서 가장 극렬한 목소리를 주도했다.

문재인은 정파의 리더로 행동하는 사람이 아니었다. 민주당엔 친노란 정파의 회합도 정파의 장도 없다. 공식적으로 사실상 친노란 정파는 없다. 조직되어 있지 않은 그 친노란 허상에 대중들은 열광한다. 그러니까 친노란 곧 대중이지 정치조직이 아니다.

문재인은 정파 싸움을 못 해도 너무 못한다. 맷집은 천하제일이지만. 결국, 난 정의당에서 벌어진 일이 민주당에서도 벌어질 거고 그렇다면 대선후보 문재인은 위기를 맞이할 거로 봤다. 지지 않는 정파 친노를 만들어야겠다고 생각했다. 만날 패배하고 말랑말랑하게 굴다가 정계 은퇴나 선언했다고 지적해대며, '누구 맘대로 정계 은퇴냐' 고 보쌈을 해와서 다시 전투의 최전선에 세워야겠다는 '유시민 보쌈론'을 꺼냈던 이유다.

'싸우는 친노! 정치적 패배를 감내하며 양보나 하는 친노는 더는

하지 않겠다.' 문제는 어떻게? 방법이 없었다. 막막했다. 그 막막함은 우연히 극복되었다. 메갈 사태에 대한 나의 하소연을 유튜브에서 사람들이 듣기 시작한 것이다.

정의당 메갈 사태로 형성된 나의 채널은 진보 정당, 여야 정파 일체, 언론을 비토하는 감정을 토로하며 집단화했다. 나는 내가 친노임을 친노 중에서도 유시민을 따라나선 일명 참여계임을 분명히 밝히고 유튜브 방송을 올렸다.

나를 정파적 시각으로 보라. 그리고 내게 속지 마시라. 나를 경계하시라. 다만 나를 경계하는 것과 똑같은 시각으로 다른 정파들도 바라보시라. 정치인들은 정파원들은 대중이 믿을 인간들이 아니다. 정치를 불신하지만 말고 정파란 키워드로 저들의 행태를 파악하고 경계하고 지적하라. 그럼 저들을 제압할 수 있으리라. 내가 제시하는 시각을 분명히 밝혔다. 편향돼 있으나 중립적인 척 속이진 않겠다. 그게 나의 자세였다.

나는 유시민이란 정치인이 정치적으로 만신창이가 되어가는 과정을 지켜보며 그를 공격하는 동교동, 민평련*, 386 운동권, NL, PD 계열을 다 지켜봤다. 그

* 민주평화국민연대의 줄임말. 김근태계로도 불린다. 열린우리당 주류였고, 새정치민주연합의 주류였다. 김근태의 사후 중심적 확고한 리더십 없이 여러 중진의 횡적 연대로 구성되어 있고 현재는 많이 약해졌다는 것이 중론이다. 이인영, 인재근, 우원식, 유은혜, 설훈, 이목희, 유승희 등등.

런 공격이 유시민이란 캐릭터 때문에 발생하는 일이라고도 생각했었다. 그러나 정의당 메갈 사태를 겪으며 유시민이 당한 공격은 대중노선, 즉 대중의 인기를 받는 그 어떤 정치인이라도 받을 수밖에 없는 공격이라고 생각을 바꾸었다.

김대중과 김영삼이 누렸던 그 인기를 계승할 건 김근태라고 믿었던 사람들에게 노무현이 얼마나 미웠겠는가? 3김 정치 이후엔 부르주아 정치에 속아오던 대중이 자신들을 알아봐 주리라고 믿고 있던 민주노동당 이하 진보에 노무현의 등장은 어떤 좌절을 주었겠는가? 김대중, 김영삼이 누렸던 그 대중적 지지가 자신들이 아닌 노무현에게 향할 때 재야운동권이 느꼈을 좌절이 어떤 것이었겠는가?

그러한 이유로 그들은 그 누구보다 노무현에게 적대적이었다. 그 누구보다 유시민에게 적대적이었다. 민주노동당을 찾아간 노무현에게 우리 서울대 출신 많다고 노무현을 퇴짜 놓은 진보조직. 그런 의식을 가지고 조직으로 정치하는 사람들은 절대로 대중의 인기를 얻지 못한다. 그들의 언어, 사고방식, 그리고 정치 스타일은 대중하고 멀어도 너무 멀다.

진보세력은 자신들이 민주화를 위해 어떤 헌신을 했는데 또 얼마나 대중을 사랑하는데 왜 대중은 자기들을 몰라줄까 그런 하소연만 해댄다. 시대착오적이고 오만한 자신들의 운동 엘리티즘을 반성하지 않은 채 대중을 원망하고 계몽하려고만 든다.

노무현과 유시민이 누리는 대중적 인기를 용납할 수 없던 조직 정치인들의 행동 방식의 실체를 나는 고발하려 한다. 참고 참아왔지만, 마침내 나는 정의당 메갈 사태를 통해 나의 결계를 풀고 인식을 전환했다. 세상이 이제 친노를 공격하는 진보의 실체를 알 때가 됐다.

친노의 주적은 재야운동권이다. 새누리 일파는 친노를 두려워하지만, 친노를 주저앉힐 순 없다. 친노 대중은 새누리 일파 또는 보수와 싸워 질 수가 없다. 자발적으로 모이고 후원하며 결사 항쟁을 하는 친노는 절대 보수에 지지 않는다. 아이러니하게도 친노를 주저앉히고 무력화할 수 있는 세력은 재야운동권이다.

그들은 민추협* 3대 세력으로서 김영삼, 김대중과 함께했고 그다음 후계로 자신들을 상정하고 있었다. 현재도 문재인 대통령을 제외하고 진보의 기반은 그들이 다 장악하고 있다. 그들 처지에선 이제 김영삼, 김대중, 노무현, 문재인 이후로 자신들이 아닌 또 다른 어떤 누군가 대중 정치인이 등장한다는 것을 쉽게 받아들이지 않을 것이다.

* 민주화추진협의회. 김대중, 김영삼, 재야운동권의 반독재 연합체다. 1987년 민주항쟁을 이끈 범국민 조직체로 대표적 인물로는 김대중, 김영삼, 문익환. 조직으로는 동교동, 상도동, 재야운동권의 연합체.

정파는 어차피 국회의원과 대통령 등의 자리 배출을 목적으로 한다. 각 정파는 자리 차지를 위한 투쟁을 이어나갈 것이다. 그 투쟁이 민주적 원칙과 평화로운 방향으로 나아갈 것인가? 글쎄, 난 그걸 의

심하고 경계하며 지켜봤다. 노무현, 유시민이 공격당할 때는 미처 대응하지 못했던 걸 반성하며 시선을 지금 현재로 돌리겠다.

민추협 삼대장

3

문재인을 흔드는 진짜 세력

진보세력, 시민사회세력, 진보 블록의 모든 조직이 문재인을 가만히 둘 리가 없다. 이런 깨달음에 공감해 줄 사람들은 이 정치판에 한 줌도 되지 않을 터, 조심스럽다.

야권(2016년 기준)의 분탕 종자로 찍힐 게 뻔하고, 뉴라이트라고 몰릴 거고 패대기쳐질 것이다. 팟캐스트 그 어느 곳도 내 이야기와 논조를 받아주지 않을 것이다. 그래도 해야 한다. 노무현이 당했고 유시민이 당한 공격의 실체를 세상에 알리고 문재인을 그 공격으로부터 지켜야 한다. 이건 새누리뿐만 아니라 진보세력과의 전투를 의미했다. 즉 친노를 제외한 대한민국 모든 정치세력과 싸우겠다는 뜻이었다.

탄핵이 되기를 기다렸다. 문재인 고구마라고 사방팔방에서 공격하는 그 와중에 탄핵 날을 기다렸다. 문재인의 지지율과 이재명의 지지율은 크로스 직전까지 근접해 있었다. 그리고 박근혜가 탄핵 된 날 나는 '사이다 이재명이 문재인의 자리에 있다'라고 가정해보자고 일갈했다.

철거민, 가족불화, 모라토리엄, 스캔들을 이재명이 아닌 문재인이 겪고 있다고 가정해보라고 물었다. 어떤 일이 벌어질까? 문재인이란 사람이 얼마나 큰 방파제인지 모르고 그가 말을 아끼는 걸 고구마라고 지적하냐고 물었다.

이재명 시장을 문재인과 비슷한 수준으로 검증해 보자는 나의 논조는 엄청난 파장을 몰고 왔다. 나의 게시물은 유튜브뿐 아니라 커뮤니티로 확산하며 입소문으로 퍼졌다. 유튜브 조회 수가 수십만에, 커뮤니티 공유 게시물 조회 수까지 수백만이 넘어간 것이다. 그리고 민주당 경선이 끝나는 날까지 나는 손가혁의 공격을 받았다. 수만 개 악플이 스팸으로 쌓여만 갔다.

안티와 팬덤이 팽팽히 맞서는 살얼음판이 형성된 와중에 나는 박원순 시장 캠프가 문재인 대통령을 적폐라 지적하는 공격을 받아쳤다. 시민운동가 박원순의 이중성을 지적하며 벌인 전투를 겪으며 나의 일일 페이지뷰는 20만을 넘어가고 주간 페이지뷰가 2백만을 넘어갔다.

야당의 내부 갈등을 다루지 않는 팟캐스트들을 뚫고 나의 유튜브 채널은 경선 기간 가장 뜨거운 한 곳이 됐다. 아는 사람만 아는 상황에서 팟캐스트에 출연했다. 〈권갑장의 정치신세계〉에 게스트로 나가 종합 3위를 기록하며 경선 국면에서 문재인 지지그룹의 상징적 인물로 주목받았다.

어리둥절했다. 이게 무슨 상황인가. 경선장에서 쏟아지는 환호, 악수, 그리고 촬영요청. 이게 뭐지 싶었다. 빛과 그림자는 공존하는 법. 악플은 지우고 지워도 만 개 밑으로 내려가질 않았다. 도가 지나친 악플들은 경선이 끝난 후 고소 고발을 염두에 두고 캡처를 해뒀다. 그러다 어마어마한 양에 지쳐서 포기했다. 문재인 후보가 경선에서 승리한 날 1만 5천 개 악플을 삭제했다. 대선 본선 국면에서 누가 되고 싶지 않았다.

민주당 경선이 끝난 후 난 문재인 후보의 당선을 확신했다. 그런데 경선 다음 날 내일신문에서 문재인, 안철수 박빙의 여론조사 결과를 발표했다.

내일신문이라면 운동권 선배들이 창간한 신문. 머리가 띵했다. 내일신문의 인적 구성을 뒤지고 제보받다가 민청학련부터 내려오는 운동권 성골 인맥이 짚어졌다. 과거 손학규 캠프 사람들. 아, 이거 너무들 하는구먼. 그리고 그 인맥은 한경오(한겨레신문, 경향신문, 오마이뉴스)로도 퍼져가고 있었다.

'또다시 운동권과 친노의 한판 대결이 벌어지겠구나.' 싶었다. 그 와중에 조기숙 교수가 구좌파와 신좌파란 담론을 형성하고 있었다. 왕따의 정치학은 내게 숨통을 틔워주었다. 난 구좌파라고 말하지 않는다. 경기동부, 인천연합, 민평련, 여성계, 민청학련 세대 등등 정확한 대상을 콕 짚어 말한다. 그렇게 됨에 따라 발생하는 리스크는 매우 컸다.

NL, PD 얘기가 나오는 순간엔 93학번인 네가 뭘 아느냐는 말을 수도 없이 들었다. 그 지적들을 통해 나는 학생운동권의 역사를 배웠다. 나의 인식은 점차 확신으로 변해갔다. 구좌파 일체와의 갈등과 투쟁이 나의 친노로서의 존재 이유라는 확신은 확고해졌다. 내일신문으로부터 시작된 문재인, 안철수 박빙 여론조사의 정국은 2주 정도 유지되다가 사라졌다.

경선을 순회하고 전국 민주당원들과 대의원을 만나며 정파로서의 친노를 재건해야겠다고 생각했다. 집권 이후에도 정파 기반 없는 대통령 문재인이 그 권한을 온전히 행사할 수 있으리라고는 생각이 들지 않았다.

경선 과정에서 보여준 진보 블록의 행동은 자신들의 영향력을 과시하며 당선 후 문재인에게 지분을 요구하는 퍼포먼스임이 분명했다. 문재인이 이를 거부하고 집권할 수는 없는 것. 난 유시민이 탈당하며 붕괴한 정파로서 친노의 씨앗이라도 만들고자 지금도 노력 중이다. 김경수가 떠오르든 조국이 떠오르든 문재인 다음 주자로 누군가 떠올랐을 때 그 대중 정치인을 짓밟으려는 조직 정치인들의 욕망 분출을 눌러주기 위해서라도 반드시 친노 정파의 계보는 이어가야 한다고 주장하고 있다. 내가 정파 운동을 하기 위해 대구로 내려간 날은 첫 대선 주자 합동 토론회가 있던 날이었다.

대구 숙소에 들어가서 대선 토론회의 끝자락을 보고 휴대폰으로 유튜브 라이브를 열자마자 폭발적 반응이 이어졌다. 동시접속자가 3500명을 돌파하며 사람들은 심상정을 성토했다. 어떻게 심상정이 문재인에게 저럴 수 있느냐? 암 걸릴 것 같다고 성토하는 사람들. 그 사람들에게 진보가 언제 친노의 편인 적이 있었느냐고 되물었다.

그날 진보와 운동권을 향한 나의 견해를 마음껏 얘기했다. 울분을 토했다. 배터리가 다 되는 불상사만 없었다면 그날 동시접속자가 4000명은 넘었을 것이다. 그날이 정점이었다. 안철수 후보는 다음 토론회에서 "제가 MB의 아바타입니까?"란 질문을 했다. 그걸 듣고 빵 터져서 실컷 웃었다. "아흐, 너무하십니다."에서는 포복절도를 했다. 그렇게 후보들은 알아서들 허물어져 갔다. 별 불안감 없이 대선일이 다가왔고 문재인 후보는 예상대로 승리하고 대통령이 됐다.

사람들은 환호했고 대통령은 인선을 시작했다. 나는 대선 기간 문재인 지지자들의 정서적 안정을 위해 헌신하겠다고 선언했다. 하지만 집권 후에 모두가 팬심에 사로잡혀있고 문재인과 그의 각료들을 동일시하기 시작했다. 나는 이런 시각은 위험하다고 했다.

각료는 때로는 정부의 책임을 짊어지고 사퇴할 수도 있는 사람들. 문재인 대통령과 동일시하는 것은 위험하다. 그리고 문재인이 임명한 각료라 해도 정파를 안배한 탕평인사다. 그들을 문재인과 동일시하는 것은 용납할 수 없었다.

노무현의 각료들은 노무현이 변명하도록 만들고, 노무현에게 책임을 떠넘기며 노무현의 등에 칼을 꽂은 인간들이 많았다. 노무현을 변명하던 사람들이 누가 있었던가? 유시민, 문재인, 조기숙과 그 밑 비서관들을 제외하면 거의 모두가 적대적으로 돌변하지 않았던가? 김근태, 정동영, 정태인 등등.

나는 문재인의 관료와 문재인을 동일시하지 말고 정파의 공격이 끝났다고도 보지 말라고 지적했다. 대중과 충돌이 일어나기 시작했다. 대선이 끝나고 내 채널의 열기는 빠르게 식어갔다.

나는 강경화 장관의 임명을 우려 깊게 지켜보고 있었다. 여성계 인사라고 봤기 때문이다. 특채로 외교관이 되어 유엔에서 인권과 여성 관련 고등판무관을 지낸 사람. 갈등 조정자로서의 외교관이라고 보지 않았다. 김대중 정권에서 특채되었다는 점. 유엔에 파견되었다는 점. 위안부 문제에서 일본과의 갈등을 유발할 것이라는 점. 과연 그는 위기관리자로서의 외교관인가 하는 의구심을 품고 있었다.

강금실과 녹색당 등에서 나온 강경화를 향한 열렬한 환호도 내 심기를 불편하게 했다. 그런 와중에 유시민이 JTBC 프로그램인 〈썰전〉에서 한마디 했다. 강경화를 왜 임명하냐는 것이었다.

온라인에서는 유시민을 성토하는 여론이 급격히 끓어올랐다. 놀라웠다. 유시민인데, 유시민을 저렇게까지 패대기치다니. 강경화를 문재인과 동일시하는 정도가 이 정도라니 우려스러웠다. 이런 대중 전선과 충돌하다니 유시민의 감각이란, 역시 '바보'.

나는 '그래 유시민과 한 번쯤은 같이 욕먹어보자'라고 마음을 먹었다. 노무현을 변호하기 위해 온갖 욕을 다 먹었던 유시민을 위해 누가 변호를 해 준 적이 있던가? 새만금 골프장 100개 발언으로 여전히 고통받는 유시민. 그래 이런 기회 아니면 언제 한번 유시민의 친구가 되겠나 싶었다. 마음속으로 정파 장 유시민을 지우는 통과의례의 성격도 있었다. 그날 욕이란 걸 정말 끝없이 먹어봤다. 일단은 후퇴했지만 우려스러웠고, 지금도 그 입장은 변치 않았다.

그 와중에 손석희에 대한 비판도 날이 갈수록 거세졌다. 〈권갑장의 정치신세계〉와 트위터 여론이 그 중심에 선 건 알고 있었다. 그리고 그들이 그렇게 볼 수 있는 근거도 어느 정도는 인정하고 있었다. 하나 도가 지나친 데다가 잘못하면 친문이 대중으로부터 고립될 수 있겠다고 봤다. 난 손석희, 유시민을 매도해선 안 된다고 한마디 했다. 그러자 트위터를 중심으로 공격이 이어졌다. 문재인 지지자들이

다수 섞여 있었지만, 나를 노리고 있었던 메갈리안, 손가혁, 진보계열의 트위터 사용자들도 눈에 띄었다. 친문 지지그룹 중에 많은 이들이 그들과 동조하는구나. 손석희, 유시민을 옹호하는 게 이렇게 극단적인 공격을 당하는 동기가 될 수 있다니 다소 충격이었다. "손석희, 유시민 그리고 나마저 패대기칠 겁니까?" 나의 그 한마디에 또다시 니가 뭔데 손석희, 유시민하고 나란히 배치하냐는 조롱이 이어졌다.

그래, 그만하자. 사람들에겐 정치중독이 아니라 정치 유희인걸. 나만 중독이지 내가 멈추면 된다. 그렇게 생각하고 정치 유튜버를 전업으로 할까 하던 고민을 접었다. 나를 좋아하는 사람들과 내가 하려는 정파 운동에 동감하는 사람들을 보고 장기적으로 가자고, 대선 후 첫 입장 정리를 그렇게 했다.

물론, 그게 내 뜻대로만 되는 건 아니었다. 탁현민을 경질하라는 요구가 여기저기서 발생하고 있었다. 그 경질을 요구하는 전선은 정의당 메갈 사태의 전선과 같았다. 한겨레, 경향신문, 여성계, 프레시안, 오마이뉴스, 그리고 정의당. 처음엔 뒤로 빠져 있었다. 문꿀오소리들, 달빛기사단, 문팬, 뉴비씨, 이 전선에 뛰어들 사람들 많다. 내가 이렇게 저들과 싸운다고 한들 유시민이 차기 대통령이 되는 것도 아니고 나를 돌봐줄 누군가가 있는 것도 아니다. 사방팔방 나를 죽이자고 덤비는 인간들만 생길 텐데 내가 이 전선에 뛰어들어야 하나? 그런 와중에 탁현민 행정관이 곧 청와대 생활을 정리할 거란 기사가 떴다. 그리고…

전선에 복귀했다. 일상으로 돌아가긴 이미 글렀다. 다음 민주당 대선 주자를 정치조직의 후보가 아닌 대중 후보, 친노 후보를 만들어야 한다고 줄기차게 외쳤던 터였다. 탁현민이 경질되는 걸 지켜보며 조용히 있으면 나는 과연 안전할까 아니면 잊힐까? 문재인 대통령의 지지율이 빠지고 친문 지지자들이 느슨해지면 어떤 꼬투리를 잡혀서라도 난 제거될 것 같았다. 이대로 탁현민이 경질되고 문재인 대통령의 인사권이 유린당하기 시작하는 꼴은 도무지 두고 볼 수가 없었다. 탁현민을 중심으로 형성된 이 전선에 뛰어드는 것 이외의 선택지는 없었다.

여성단체연합 출신 정치인 명단과 인재근을 고리로 한 민평련과의 관계에 대한 의혹을 제기하며 민주당 재야운동권 모두를 볼모로 잡고 탁현민 전선을 구축했다. 탁현민을 날리면 모두 죽는다는 내 전선은 커뮤니티의 호응을 얻으며 강고히 펴졌다. 각종 커뮤니티의 조회 수 총합 백만에 육박하며 탁현민을 둘러싼 바리케이드가 쳐졌다.

대통령 인사권에 도전하는 민주당 내부 세력과 친문 대중들과의 전선이라고 할까? 이 전선은 나와 뉴비씨 사이에 묘한 긴장 관계를 표면화시켰다. 하승주 소장의 쌍욕과 고일석 기자의 비토가 이어졌다. 나중 이야기지만 그 내부 의견 또한 다양하다는 말을 권순욱 기자에게서 들었다. 통일된 뉴비씨 입장으로 나를 향한 공격은 아니었다고. 일단 그럴 수 있다고 수긍하고 넘어갔다.

탁현민 전선으로 한바탕 시끄럽고 민평련을 매도했다는 지적이 나를 옥죄는 가운데 어찌 됐건 탁현민 경질을 주장하는 목소리는 잦아들었다. 탁현민 경질을 요구하는 건 이제 여성계, 인재근 의원, 민평련, 그리고 나, 민주당 모두에게 너무도 위험한 게임이 되어 버렸던 것이다. 난 모두를 볼모로 잡고 미친놈 게임을 한 거고 대중 전선에서 모두가 휴전을 한 형태로 탁현민 전선은 마무리되어갔다.

이 전선이 처지고 박기영 교수의 인사 파동이 벌어졌다. 나는 퇴직하고 순천으로 내려간 직후의 박기영 교수를 만났다. 그녀를 인터뷰한 내용을 방송에 내보내지 않았지만, 내 질문은 다음과 같았다.

'NL 코어 학생 지도자 그룹과 부문 운동 조직, 그리고 여성계라는 인적 네트워크가 인사를 장악하고 있는 것 아닌가? 문재인 대통령의 인사권은 도전받는 게 아닌가?' 이건 나의 가설이다. 향후 행해지는 인사를 지켜보면 이 패러다임이 유효한지 폐기해야 할지 결정 날 것이다.

박기영 교수는 대답하지 않았다. 그저 정책수립자로서 자기 이야기와 과거 이야기들을 들려주었다. 황우석 사태가 발생했을 때의 상황을 또 다른 시각에서 알 수 있었다. 문재인, 노무현 대통령 두 분의 당시 이야기도 들을 수 있었다. 박기영 교수는 명예훼손 소송과 법정 공방을 앞두고 있다.

이 소송이 다 완료된 후 나는 황우석 사건을 다른 시각에서 조명하는 시리즈를 내보낼 것이다. 우리 사회의 담론구조에 던지는 화두는 충분하리라 본다. 무척이나 엄청난 이야기라 이 책이 파묻히지 않는다면 다음에 별도의 책 한 권으로 낼 수도 있겠다.

4

표창원 징계와 탁현민 전선, 예정된 여성주의자들과의 격돌

우선 다음 명단을 보자.

한국여성단체연합

역대 대표와 4대 집행부 인사, 주요 이력, 종교 현황

제1대 이우정(1923~2002) – 한신대 신학, 동 교수, 개신교 기독교장로회, 기독교 페미니즘 운동가 양성, 민주당, 14대 전국구 의원, 민주화유공자 보상심의위원회 위원장, 성매매 금지법 여성 할당제 추진

제2대 이효재(1924) – 이대 사회학과, 여성학자, 여성학 교육과정 설치, 1991 정대협 설립 공동대표

이효재 교수의 제자들이 만든 진보서클 '새얼'의 주요인물과 배우자.

이옥경(고 조영래 변호사 부인) 신혜수(서경석 목사 부인) 이미경(이창식 부인) 최영희(장명국 부인) 장하진(김홍명 前 조선대 총장 부인) 김은혜(신철영 부인) 인재근(고 김근태 의원 부인) 오성숙(김세균 교수 부인)

제3대 조화순(1934) – 노동운동(동일방직), 목사, 개신교 기독교장로회

제4대 한명숙(1944) – 개신교 기독교장로회, 이대 불문과, 대학원 여성학, 민주당, 전 총리

- 이영순 – 콘트롤데이타 노조위원장, 구로지역사회발전센터 공동대표
- 이미경(1950) – 천주교, 이대 영문, 기독교사회문제연구원, 여성민우회 부회장, 더민주당, 5선

제5대 지은희(1947) – 이대 사회학과, 여성평우회 대표, 정대협 공동대표, 2대 여성부 장관(노무현 정권), 덕성여대 총장

- 한명희 – 한국여성노동자회 회장, 8대 9대 서울시 의원

제6대 지하은희

- 신혜수(1950) – 이대 영문과, 교회여성연합회 간사, 이대 국제대학원 교수, 전 유엔여성차별철폐위원회 부위원장, 전 유엔사회권위원회 위원, 사단법인 유엔인권정책센터 상임대표, 성매매추방범국민운동 상임대표, 여성의전화 상임대표, 정대협 상임대표 (남편: 서경석 목사)
- 이경숙(1953) – 여성민우회 상임대표, 정대협 공동대표, 열우당 공동의장, 17대 의원, 인권위 상임위원

제7대 정현백(1953)– 한국여성연구소 창립, 평화를 만드는 여성회 공동대표, 여성연합 통이평화위원장, 참여연대 공동대표, 성균관대 사학과 교수, 6대 여성가족부 장관(문재인 정부)

- 남인순(1958) – 인천여성노동자회 사무국장, 여연 사무총장, 19대 20대 의원, 민주당
- 이강실(58세?) – 목사, 전북여성단체연합 대표, 6.15공동선언실천남측위 공동대표, 한국진보연대 상임대표, 성매매 금지법 제정 참가

제8대 남인순

- 박영미 – 부산여성단체연합 대표
- 정현백

제9대 남인순

- 박영미

제10대 권미혁 – 여성민우회 창립 멤버, 동 사무국장, 시민사회단체연대회의 공동대표, 제20대 국회의원, 민주당

- 김경희 – 대전여민회 사무국장, 대전여성단체연합 공동대표
- 김금옥(53세) –전북여성단체연합 사무처장, 여연 정책국장 사무처장, 국회의원 선거구획정위원회 위원, 시민사회단체연대회의 공동대표, 현 청와대 사회혁신수석실 신임 시민사회비서관

제11대 김금옥(상임)

- 정문자 – 여연 사회권위원장, SBS 시청자위원회 위원, 한국여성노동자회 상임대표, 제2기 국무총리조정실 시민발전위원회 위원, 서울시인권

위원

한국정신대문제대책협의회

– 공동대표: 윤미향 대표

한신대 신학, 이화여대 대학원 기독교학과, 이대 사회복지대학원, 기독교 장로회 간사, 1989년부터 정대협 간사, 사무국장, 사무총장, 2008년부터 상임대표, 문익환 목사 늦봄통일상 수상, 위안부 강제동원 문제 국제적 이슈화, 남북연대 사업 전개, (*남편 김삼석 수원시민신문 대표 1997 국보법 위반 징역 4년)

여성단체가 민주당과 무관한 시민사회단체라고 말할 수 있겠는가? 단체장들이 민주당 비례를 지속해서 승계하고 있다면 이 단체가 민주당과 무관하다고 말할 순 없을 것이다. 민주당의 종속단체는 아니다. 민주당이 갑이고 여성단체가 을은 아닌 셈이다. 오히려 그 역이라 보는 게 맞다.

민주당 유력 정치인 또는 진보계 거물의 부인들이 여성단체에 직접 관여함으로써 여성단체는 여성운동 단체 이상의 정치적 의미를 지닌다. 여성단체는 민주당에 당당하게 지분을 요구하며 영향력을 행사하고 때에 따라선 실력행사를 하고 있다.

표창원 의원의 징계 빌미가 된 '더러운 잠' 전시 사건에서 표창원 의원이 한 일은 예술인들이 국회에 대관할 수 있도록 도와준 것뿐이다. 스스로가 창작에 관여했다거나 검열한 일이 없다. 또한, 표창원의 징계에 대해 당원들이 크게 반발하는데도 남인순 의원이 주도하고 인재근 의원을 좌장으로 한 12명의 여성 의원은 성명을 내며 징계를 관철했다.

정의당 메갈 사태를 통해 내가 확인한 건 여성계는 진보 블록에서 작은 부문 운동이 아닌 패권적 주류세력이라는 점이다. 민주당도 다르지 않다는 걸 확인한 게 '더러운 잠' 사건이었다.

80년대 재야운동권의 중추세력은 노동, 농민, 학생이었다. 일명 노농학*, 혁명 3대 주체세력. 다른 말로 코어운동, 핵심운동이라는 뜻이다. 80년대 재야운동권은 혁명을 중심적 가치로 삼았다. 혁명 주체 3대 세력을 제외한 부문 운동은 혁명 세력을 백업하는 부수적 운동이었다. 그 부문 운동에 여성, 청년, 문화예술 등이 있다. 한국 진보계열 정당에 있는 위원회들은 80년대 혁명조직의 부문 운동들을 그대로 반영한다. 여성위원회, 청년위원회, 문화예술위원회가 그것이다.

* 공산당 깃발에 있는 망치, 낫, 붓으로 상징되는 노동자, 농민, 지식인(학생)

80년대 재야운동권 혁명 중추세력 중 학생세력의 리더들, 즉 386 전대협 의장들은 민주당을 통해 정치권에 안착했다. 그러나 노동과 농민 세력은 민주당에 들어오지 않았다. 그들은 정당운동을 개량주의 운동으로 터부시하며 혁명 노선을 유지했으며 김대중의 정당을 부르주아 정당으로 간주했다. 민주당에 합류하지 않은 노동과 농민 세력은 훗날 진보 정당을 창당한다.

이런 와중에 부문 운동으로서의 여성계는 김대중, 이희호의 비호 아래 민주당에서 꾸준히 지분을 인정받으며 약진한다. 여성가족부를 통해 1조 원대의 예산을 집행하며 여성계는 그 어떤 재야운동권 세력보다 더욱 성장한다.

현재, 정의당, 민주당에서 여성계는 헤게모니 쟁탈전을 시도할 정도의 세력이고 주요 요직을 장악할 정치적 역량을 확보한 상태다. 현재 청와대 비서진 중엔 조현옥 인사수석, 김금옥 시민사회수석이 여성계 인사다. 특히 인사수석을 점유했다는 것은 상징적인 의미가 있다. 인사의 통로를 장악한 셈이다.

여성계가 대중의 인정을 받으며 성장했다면 나는 이 대립 전선을 구축하지 않았을 것이다. 여성계는 대중의 인정을 얻지 못하고 있다. 다시 말해 민주당의 득표에 큰 도움을 주는 세력이 아니다. 자신들의 득표력보다 과도하게 정치적 지분을 챙기고, 대중이 원치 않는 영향력을 과대대표된 상태로 행사한다는 의미다.

또 여성계가 자신들의 영향력과 지분을 더욱더 확대하기 위해 보이는 투쟁은 대중과 충돌하고 있다. 민주당 대선 경선에서 그 충돌이 빚어낸 첫 번째 사건이 표창원 징계 사건이다.

두 번째 사건은 대선 레이스에서 문재인 후보 유세 중에 벌어진 무지개 깃발 난입 사건과 성 소수자 및 페미니즘 대통령 강요 사건이다. 강금실 전 장관 또한 무지개 깃발 지지 트윗 등으로 한바탕 소란을 빚었다. 그리고 대선 이후 세 번째 대중과 여성계와의 전선이 형성되니 그것이 탁현민 행정관 경질 요구 국면이다.

정현백 여성가족부 장관은 위의 리스트에 있듯이 7대 여성단체연합회장이다. 정현백 장관은 취임 일성으로 탁현민 경질을 문재인 대통령에게 건의했다. 대통령의 인사권에 대한 명백한 도전을 신임 장관이 업무 시작일에 한 것이다.

한경오가 동조하고 여성단체들이 지원사격하고 조중동도 가담한 이 전선은 방어가 안 되는 듯 보였다. 탁현민은 비정상적인 성욕을 가진 문제 인물로 낙인이 찍히고 있었고 언론 보도로 경질은 기정사실이 되고 있었다.

이런 상황에서 난 탁현민을 향한 공격에 블로킹을 걸기로 마음을 먹었다. 이 싸움의 전선을 제대로 파악한 매체가 없는 듯 보였다.

이건 자유한국당으로부터의 공격이 아니다. 여성계가 문재인 대통령에게 실력행사를 하는 것이고 인사권을 장악해 나가는 과정의 일환으로 파악했다.

운동권과 여성계가 동일체임을 주장했다. 인재근 의원을 고리로 한 인적 네트워크의 문제를 지적하며 다시는 여성계가 민주당의 비례대표로 들어오는 것에 반대하겠노라 천명했다. 여성 할당제는 받아들이지만, 여성계는 받아들일 수 없다. 탁현민을 향해 공격하는 여성계와 여성계 출신 국회의원들 이 싸움을 멈추지 않으면 다음 총선에서 절대로 경선을 통과하지 못하리란 협박을 했다. 다소 무모했지만 어쩔 수 없었다. 탁현민 행정권은 사퇴하기 직전이었고, 급브레이크를 밟는 목소리가 지지그룹, 당원그룹에서 나와야 한다고 생각했다. 여성계를 향해 직격탄을 날리고 여성계가 이 싸움을 멈추게 해야 할 필요가 있었다.

2

아무도 말하지 않는
내부의 적들

1

2015년 당 대표 선거, 문재인은 왜 패권주의자로 몰렸나

2015년 민주당 2.8 전당대회로 시점을 돌려보자. 대의원 45%, 권리당원 30%, 일반 당원과 국민참여경선 25% 반영.

당시 민주당 대의원과 권리당원은 압도적으로 호남에 편중돼 있었다. 이 규칙대로 가면 박지원이 승리하리라 예상하는 이들이 많았다.

대의원과 권리당원이 박지원의 손을 들어주긴 했지만 아슬아슬한 차이가 났다. 대의원은 문재인 45.05%, 박지원 42.6%. 권리당원은 문재인 39.98%, 박지원 45.76%. 합산결과 문재인 32.24%, 박지원 32.92%. 박지원이 아주 살짝 앞선 것이다. 결국, 이 리드는 여론조사방식의 국민참여경선에서 문재인 58%의 압도적 지지를 받으면서 역전되고 만다. 최종결과, 문재인 45.30%, 박지원 41.78%, 이인

영 12.92%.

전당대회 결과는 문재인의 승리. 그러고 나서 지긋지긋한 정파 싸움이 시작된다. 문재인의 승리는 전국 정당화를 향한 당시 야권의 첫 걸음이었고, 야당(2015년 기준) 내 공천권 기득권 해체의 시작이었다.

당시 야당 권리당원 중 호남 비율은 56%. 호남인의 물적 인적 지원 속에서 커온 민주당으로서는 당연한 결과다. 하지만 인구 비례 10%인 호남이 대의원의 56%를 차지하고 있는 민주당이 과연 전국 정당이라 말할 수 있을까? 이에 호남 대의원의 기득권을 내려놓고 경선 방식에서 국민참여경선을 적극적으로 도입하는 안이 떠오른다.

이는 곧바로 호남 홀대론으로 이어졌다. 우리가 어떻게 키운 민주당인데 우리가 돈 내고 몸 움직이며 공헌을 했건만 엉뚱한 것들이 과실을 따 먹어? 당원이 권리행사를 한다는 당원 민주주의의 시각으로 보면 일정 정도 타당한 말이다. 2017년 현재 민주당 권리당원들도 같은 주장을 하고 있다.

국민참여경선을 통해 당원과 비당원이 1인 1표를 똑같이 받는 걸 공정하지 않다고 생각하는 건 어느 정도 당연하다. 하지만, 지금의 정당 조직률로 국민참여경선을 통해 대중을 포섭하지 않으면 본선에서 승리할 수 있을까? 백만 당원 시대가 오기 전에는 당원들이 국민을 대표한다고 보기는 어려울 것이다. 백만 당원이어도 인구의 2%다. 이는 되새겨볼 문제다.

다행히 호남 대의원 중 많은 이들이 전국 정당화라는 대의를 위해 국민참여경선을 받아들이자는 의식이 있었다. 하지만, 호남 홀대론에 근거해서 절대로 공천권을 포기할 수 없는 일군의 대의원들도 있었다. 민주당 전국 정당화의 희망 문재인과 호남의 기득권을 무시하는 호남 홀대론의 문재인 이 두 가지 시선은 호남에서 퍼졌다. 문재인에 대한 인식 자체가 없던 호남에서 문재인 지지자와 문재인 반대자가 동시에 성장하기 시작한 것이다.

이런 복잡한 모순 상황은 그리 오래가지 않는다. 동교동계 현역 의원들로서는 고민할 게 없었다. 국민참여경선은 그들에게 불리했다. 우선 그들은 팟캐스트에서 인기가 없었다. 팟캐스트 여론이 국민참여경선을 좌지우지하는 것은 박원순과 박영선의 경선 이래 줄곧 유지된 기조였다.

패배가 뻔한 상황에서 호남의원들은 자신들이 패배할 룰을 받아들일 이유가 없었다. 2015년 전당대회에서의 박지원의 패배를 자신들의 패배와 동일시한 호남의원들은 국민참여경선이 도입되는 걸 결사반대한다. 그들은 호남 대의원들을 선동해 자신들의 지역 할거에 따른 공천을 관철하려 했다. 그것이 이들의 계획이었다.

문재인이 전국 정당화를 기치로 한 국민참여경선 50% 이상, 권리당원 50% 이하를 경선 규칙으로 확립하자 호남지역에 기반을 둔 정치인들이 탈당하기 시작했다. 국민의당 탄생이다.

대중 정치인, 대권후보 없는 정당은 존립할 수 없다는 우려는 안철수의 존재가 씻어줬다. 안철수가 왜 호남의원들과 행보를 같이 했는지는 이해 불가다. 호남에 고립되었을 때 대통령으로 당선되는 것이 어느 정도로 힘든지 계산을 해보지 않은 것일까?

아마도 안철수는 총선을 통해 문재인을 몰락시키고 재통합과정을 거쳐 야권의 대권후보가 되려 한 것이 아닐까? 문재인을 제쳐야 한다는 조급함이 결국 안철수로서는 크게 얻을 것 없는 행보를 하게 했다고 본다. 어찌 됐건, 안철수와 호남의원들은 반문재인이라는 공통 이해관계로 국민의당을 만들었다.

모두가 선거 구도상, 분열된 야권의 필패라 예상했던 총선은 야권 승리로 끝나고, 민주당은 전국 정당이 됐다. 국민의당도 정당투표 2위의 기염을 토하며 원내 3당으로 자리를 확고히 했다. 야권은 절반을 훨씬 넘기고 보수 여당을 대구·경북에 고립하는 데 성공했다. 양김 분열로 야기된 보수 우위의 정치 구도, 다시 말해 기울어진 운동장에 균열이 생긴 것이다.

호남 민주당은 역사적 시효를 만료하고 전국 정당 민주당으로 재탄생했다. 호남 의석 없이 제1당이 된 야당. 지역감정의 볼모에서 해방되기 시작하는 한국 정치. 새로운 희망의 싹은 트였다.

친문 패권주의. 결국, 국민참여경선의 다른 말이고 국민에게 인기 있는 문재인의 다른 말이다. 이는 대중 정치 노선과 지역 정치 노선의 대립 과정에서 파생된 말이다.

공천권을 인위적으로 휘두르는 것도 아니고, 비례대표 경선에서 칸막이를 치는 것도 아니며 당직을 독점하는 것도 아니다. 문재인은 그 어떤 당 대표보다 패권적이지 않았다. 전국 정당화라는 민주당의 절체절명의 과제를 국민참여경선으로 돌파해 낸 것이다.

이제 전국적인 참여, 특정 지역의 참여와 희생을 기반으로 한 민주당이어선 안 된다는 과제가 남았다. 많은 이가 당원 가입을 하고 있지만 여전히 당원 투표만으로 민심을 대변한다고 보기엔 민주당의 저변은 취약하다.

당원 민주주의는 당원이 국민을 대표하는 대표성을 확보하기까지 당분간 국민참여경선과 병행할 수밖에 없다. 그 병행 기간은 상당히 오래가고 어쩌면 대선주자의 선출 방법이 국민참여경선으로 고착화할 수밖에 없다고도 본다.

2

정치권에 입성한 그 많던 운동권은 뭘 하고 있을까?

2015년 민주당 전당대회의 포인트는 하나가 더 있다. 바로 이인영이다. 박지원과 문재인의 치열한 경쟁 속에 12.92%의 득표율로 완주한 이인영. 그는 왜 완주를 했을까?

이인영은 민평련의 후보였다. 문재인과 박지원 사이에서 캐스팅 보트를 쥐고 있던 민평련은 실력행사를 하지 않았다. 어느 쪽 손도 들어주지 않고 중립을 지키는 방식으로 완주했다. 결국, 이기는 편이 우리 편이라는 태도를 보인 것.

12.92%의 당내 득표가 그들의 현주소였다. 하지만 그들이 12.92% 정도의 영향력을 행사하는가? 아니다. 그들은 그 이상의 영향력을 행사한다. 요직을 차지하는 그들만의 전략은 언제고 당권 일

부를 차지하며 늘 성공해왔다.

김근태 의원을 구심점으로 했던 민평련은 통일 운동 세력의 결사체이자 시민사회계열 출신 인사들에게 민주당의 문을 열어주는 게이트키퍼 같은 역할을 해왔다. 여성 비례 할당제를 통과시킨다거나 여성부의 예산 확대를 이루어낸다거나 하는 과정에서 김근태와 민평련의 역할은 지대했다.

민평련 외에 다른 386그룹과 시민사회그룹은 민주당 의원을 재생산해내는 창구 기능을 하고 있다. 재생산이란 무엇인가? 신입사원을 뽑는 것이다. RP(reproduction)라 불렸던 이 운동권 용어는 선배가 후배를 키우는 걸 의미했다. 어느 조직이나 은퇴하는 자와 신입이 공존한다. 그렇지 않은 조직은 사라지기 마련이다.

이 RP의 고리를 가진 정치집단이 학생운동권이다. 동교동, 상도동은 이 재생산이 안 돼 사라지는 거다. 친노도 이 재생산이 안 돼 정파로서는 사라질 것이다. 정신은 남겠지만.

이 재생산 고리를 가진 학생운동권의 민주당 중추세력, 그들이 민평련이다. 민평련은 재야운동권의 노농학, 즉 혁명 3대 주체세력인 노동, 농민, 학생 중 학생 지도자들이 김대중의 영입에 호응하며 민주당의 한 정파가 됐다. 그들은 동교동보다는 기본적으로 노동조직, 농민조직과 함께했던 재야운동권이다. 그런 경향은 80년대 학번들에서 훨씬 강하게 나타난다.

당시 혁명조직으로서 노농학은 수직적 위계와 점조직으로 구성되어 있었다. 의장은 곧 최고 권력자이고 절대복종의 대상이었다. 각 영역에서 누리는 절대 권력은 혁명의 시기가 끝난 후에도 남았다. 혁명을 향한 대의와 열정이 사라진 후 노동, 농민, 그리고 학생조직은 서로가 각자의 대장을 중심으로 그들만의 왕국을 구축했다.

노동과 농민조직에서 절대적 권위를 구축하던 세력은 주류 정치를 인정하지 않고 독자조직을 끝끝내 유지했다. 그들이 자신들의 허울뿐인 혁명 노선을 폐기하고 제도 정치에 들어오기로 한 건 2001년 '군자산의 약속', 9월 테제가 그 시작이다. NL 운동권의 3대 세력인 노동, 농민, 학생은 같은 뿌리에서 나와 30년의 다른 길을 간 것이다.

이 노농학 3대 세력과는 또 다른 하나의 물결이 있었다. 시민운동이 바로 그것. 그런데 이 시민운동도 크게 보면 두 가지로 나뉜다.

❶ 3대 세력의 리더십 아래 부문 운동으로서의 시민운동

❷ 노농학의 리더십을 인정하지 않은 독자적인 시민운동 세력

1990년대 초반의 시민사회 논쟁, 개량주의 논쟁, 그람시의 진지전·기동전 논쟁*은 결국 다 같은 뿌리에서 나왔다. 혁명만 주야장천 얘기하는 답 안 나오는 상황에서 새로운 활동을 모색하며 수많은 이야기가 등장한 것이다.

* 그람시의 혁명전략 기동전, 진지전은 참호전을 연상하면 된다. 참호를 파고 때를 기다리는 것이 진지전. '돌격 앞으로!'가 기동전이다. 그람시는 시민사회 운동을 열세상황에서 혁명세력이 웅크릴 진지로 봤다. 시민사회에서 힘들 기른 후 때가 되면 기동전을 전개한다. 즉, 열세인 상황에서 전개되는 시민운동 또한 혁명전술이라는 것. '시민사회세력이 혁명의 배신자인가, 혁명의 동조자인가?'가 당시엔 논쟁거리였다. 지금의 정서로는 참 쓸데없는 얘기들을 한 거지만.

시민사회 운동은 경실련, 참여연대가 히트를 날리며 하나의 트렌드로 자리를 잡았다. 장하성, 박원순으로 대표되는 이들은 혁명세력의 리더십 아래에 있지 않았다. 혁명세력의 부문 운동과는 다른 모습으로 성장하는 일군의 시민사회세력은 조직과 돈의 흐름을 만들어내며 명실상부한 하나의 정치세력으로 성장했다.

사업을 중심으로 한 박원순 패러다임은 대성공에 이르고, 박원순은 정치적 리더십을 구축한다. NL 부문 운동으로서의 시민운동이 부진을 거듭하는 사이 박원순이 약진한 것이다.

정치권에 진출한 학생운동권 세력은 시간이 갈수록 NL 본진으로부터 이탈되어 갔다. 김근태를 중심으로 한 그들은 기성 정치인이 되며 정치 노선에서 NL로서의 정체성을 포기했다. NL로서의 정체성 포기와 연결고리의 상실을 대체한 건 학맥, 인맥이다.

혁명으로 묶이지 않지만, 출신학교와 인맥, 학번으로 엮이는 범운동권주의. 그 범운동권주의는 민주당의 RP 구조로 자리 잡는다. 민주당 신입의 운동권 시민사회 독점현상이 가속화하는 것이다. 이는 민주당이 대중정당임과 동시에 엘리트 중심의 활동 정당이라는 양면성을 띠게 만들었다.

❶ 민주당 당원들의 출신 성분은 다양하고 다양한 직능의 사람들이다.

❷ 민주당의 활동가들은 운동권, 시민사회가 중심에 서서 충원된다.

직능으로부터의 충원과 활동가로부터의 충원은 둘 다 이루어져야 하고 균형점을 맞춰야 한다. 하지만, 지금 민주당은 그 균형을 맞추지 못하고 있다. 직능대표보단 활동가 대표로 쏠리고 있다. 2007년, 2012년 그리고 2017년 대선 경선을 통해 친노 친문 대중과 민평련 그리고 운동권 세력은 이 차이로 충돌을 경험했고 그 간극은 더욱 더 깊어지고 있다.

이른바 '어벤져스'의 영입에 대중이 환호한 것은 운동권이 아닌 직능으로부터의 영입이었던 데 있다. 그 어벤져스 영입을 운동권은 자기들 밥그릇을 차는 것으로 간주했다. 이 갈등은 향후 민주당에 내재한 핵폭탄 같은 내부 모순이다. 양향자와 유은혜의 여성위원장을 놓고 붙은 일전은 이 갈등의 전야제와 같은 성격의 것으로 나는 바라본다.

운동권이 자신들의 재생산방식을 고수하고 인적 네트워크로 영입에 집중하면 친노 친문 대중과 운동권의 갈등은 민주당에서 폭발할 가능성이 크다. 결국, 또다시 공천의 문제, 자리 차지의 문제로 돌아간다. 이건 인간의 역사가 시작되고 정치가 시작된 이례의 숙명이다. 이걸 어떤 룰로, 대중이 공감할 방법으로 해소하느냐가 정치세력 존립의 제1 관건이라 할 수 있다.

왕위 계승만 문제겠나? 권위와 리더십의 계승이 발생하는 민주주의에서도 이 문제는 항상 발생한다. 이 자체를 혐오하지 말고 직시하며 대중은 요구하고 당은 수용하며 갈등을 해소하는 것이 필요하다.

3

김종인을 영입한 진짜 이유

다시 2015년으로 돌아가자.

민평련은 2015년 이인영 후보가 12.92%를 득표하며 자신들의 현재 위상을 확인한 뒤 사실상 여러 갈래로 흩어진다. 컷오프, 국민경선 등 2016년 총선 공천 방식을 정하는 과정에서 민평련 내부에서도 서로 다른 생각을 보이더니 결국 추상적 연대로 남고 실질적 계파로서의 기능은 거의 상실했다고 보였다. 대선 후보 없는 계파, 총선 공천권에 접근할 수 없는 계파는 의미가 없는 것.

그렇다고 꺼져가는 불이 그대로 스르르 꺼질까? 아니다. 변수가 발생했다. 안철수를 필두로 한 탈당 사태였다. 문재인 대표가 비상대책위원장을 물색하는 상황이 발생한다. 동교동도 없다. 문재인은 물러난다. 그렇다면 비상대책위원회 위원장을 노리자. 여러 세력의 이해관계가 충돌한다.

경선이 안 된다면 비대위를 장악한다! 민평련과 시민사회세력이 염두에 둔 비대위원장 후보가 바로 김상곤 현 교육부 장관이다. 시민사회계열 소장파와 운동권의 당권을 향한 새로운 시도, 그 구심점에 김상곤 위원장이 선 것.

문재인 대통령이 김종인이 아닌 김상곤 위원장에게 비대위원장을 위탁했으면 어떤 일이 벌어졌을까? 민주당은 풍비박산 났을 거다. 공천 전권을 쥔 김상곤의 공천은 시민사회 운동권을 대거 재생산하는 방식으로 이루어졌을 터다. 그러면 시민운동 사회 선후배 간 자리싸움 경쟁으로 이어지고 어마어마한 흑색선전(마타도어)과 소문들이 흉흉했을 거다. 평화적으로 밀어주고 당겨주고 하는 건 정치판에 없다.

문재인 대통령이 당내 계파와 연이 닿아있지 않은 제3의 인물 김종인에게 비대위원장을 일임한 건 신의 한 수였다. 사실 야당의 창피한 역사 즉, 절대 답 안 나오는 계파 간 갈등을 숨길 수 있는 묘수였다는 거다. 김종인에게 찍소리 못하고 김종인에게 줄을 서기 위해 안달하는 일군의 사람들을 기억하는가?

절대군주 김종인의 치명적 무리수 중 하나가 비례 칸막이 설정이었다. 비례대표 순위를 정하는 당원 투표를 1번부터 10번까지 순서 정하기, 11번부터 20번까지 순서 정하기로 구간별 투표를 따로 하겠다는 거였다. 1번부터 10번 사이엔 순서가 무의미하다. 모두 당선권이니까. 결국, 자기 사람 1구역에 배치해서 당원들의 뜻과 무관하게 당선을 시키겠다는 꼼수가 비례대표 선거에서 칸막이를 치는 것이었다.

문제는 그 비례 칸막이 설정이 시도된 대의원 대회에서 그 칸막이 비례의 수호자 역할을 담당한 사람이 인재근이었다는 점이다. 김근태의 부인인, 아직도 인재근 의원보다 인재근 여사가 입에 붙어있는 그분.

칸막이 비례대표로 누군가를 영입하고 싶지 않았다면 그 정치적 무리수를 두었겠는가? 누구를 영입하고 싶어서 그런 김종인의 무리수에 찬동한 것이었나? 그 당시 이 문제에 관해 누구도 묻지도 따지지도 않는 방향으로 넘어갔다. 칸막이 비례의 의도가 공식적으로 밝혀지지 않았지만, 이런 식으로 자기 후배를 재생산하는 운동권을 용납할 더민주 권리당원들은 절대 아니란 걸 다시 한번 밝혀둔다.

4

재야운동권의 반격

자, 2016년 총선은 결국 김종인의 지휘 아래에서 컷오프 파동, 비례 칸막이 파동 등의 위기가 있었지만, 옥쇄 들고 튄 김무성과 새누리당 내홍의 끝을 보여준 막장 드라마 덕에 민주당의 선방으로 끝났다. 그리고 김종인의 비대위 체제는 막을 내리고 다시 당 대표를 선출해야 하는 시기가 다가왔다.

문재인 대통령이 당시 유력한 대선 후보인 상황에서 친노 당 대표가 선다? 그럼 언론과 당내 다른 세력들이 가만히 있을 것인가? 당연히 아니다. 친문 패권주의라고 난리를 쳤을 것이다. 결국, 문재인과 친노는 당 대표 경선에 직접 나서는 걸 포기한다.

그렇다고 김상곤이 당 대표를 한다? 시민사회 운동권이 경선에서 어떻게 문재인 후보를 공격했는지 우리는 똑똑히 기억하고 있다.

만약 경선 관리인이 김상곤이었다면 어땠을까? 지금 복기해보니 명확해지지 않는가? 남아 있는 동교동 인사 중 당 대표로서 자신에게 다소 우호적인 사람을 선택하는 것이 문재인과 친노로서는 최선이었던 거다. 그게 추미애였다.

추미애와 김상곤의 경선은 당권을 둘러싼 민평련과 시민사회세력의 재도전이자, 친노를 대리한 추미애의 수성전 성격을 가지게 되었다. 추미애를 둘러싸고 국민의당과의 연관 등을 지적하며 경계 태세였던 분들이 많았다. 김민석의 재등장도 마찬가지 의구심을 유발했다. 하지만 친노에겐 선택의 여지가 없었다. 직접 경선에 나설 때 당은 2차 분열의 가능성도 있었으니 간접적으로 추미애를 지원하는 수밖에.

마찬가지로 원내대표 선거에서도 1차 투표는 민평련의 우원식 의원이 1위를 한다. 하지만 결선투표에서 친문의 지원을 받은 우상호 대표가 원내대표가 된다. 우상호 대표가 친노인가? 아니다. 우상호는 민평련과 친노 사이에서 등거리를 유지하려는 스탠스를 취하고 있었다. 우원식보다는 덜 껄끄러웠다. 이것이 2016년 풍경이다.

지금, 즉 문재인 대통령이 집권한 이후의 풍경과는 또 다르다. 승자와 패자가 갈린 후 동맹을 강화하기 위해 문재인 대통령과 우원식 원내대표가 서로를 존중하는 상황과 2016년 대선후보가 결정되기

전의 상황은 완전 다르다.

우원식 원내대표가 안희정 캠프에서 "버스에서 내려와"를 외쳤다는 걸 생각해보라. 대선 전후, 승자와 패자가 갈리기 전과 후는 또 이렇게 다르다. 정치는 꿈틀거리는 생물이라고 하는 게 바로 이런 점 때문일 것이다.

야당 내 이런 갈등을 비평하기로 마음먹은 계기가 바로 박원순 시장의 문재인 후보에 대한 끝도 없는 네거티브였다.

모든 사람이 혼란스러워했다. 박원순이 왜 저러지? 버스에서 내려와 사건에서 우원식은 또 왜 저러지? 그 사람들의 혼란에 난 대답을 할 필요가 있었다. 만약, 민주당 경선에서 혼란상이 없었다면 내가 이런 발언을 할 공간은 없었을 것이다. 내부총질과 분탕질로 매장당할 수 있는 발언들이기 때문이다. 하지만, 더민주 권리당원들은 민주당 내부의 힘의 역학관계와 갈등을 알아야 한다. 그 동작 방식을 이해해야 한다.

지난 대선 과정에서 민평련과 운동권, 시민사회세력과 진보 언론은 문재인에게 호의적인 세력이 아니었다. 그들은 노무현 대통령에게도 그랬다. 왜일까? 유시민의 말을 빌려보자.

"재야 출신 선배들이 노무현을 우습게 아는 것도 전 솔직히 우스워요. 이

사람은 이른바 경제 전문가들과도 토론을 그 레벨에서 할 수 있는 사람이고 자갈치 시장 아줌마들하고 만날 때는 그 레벨에서 그 수준에서 같은 이야기를 할 수 있는 사람이거든요. 근데 왜 사람들이 노무현을 평가해 주지 않는가? 전 굉장히 서운해요. 특히 학생운동 출신 선배들이 그렇게 하지 않는 것. 또는 386 의원들조차도 그런 기색을 보이는 것. 이런 것은 솔직히 말하면 노무현이 대학 안 나왔다고 차별하는 거예요. 만일 노무현 씨가 일정 정도 수준의 대학을 다녔고 거기서 민주화 운동 학생운동과 연관을 맺은 상태에서 여기까지 왔다면 절대 이런 일이 벌어지지 않아요. 너무나 사람들이 노무현을 가볍게 생각한다. 그 점이 저는 개인적으로 굉장히 서운하고…

이것 역시 운동권 출신들의 오만이다. 이거는. 그렇게 보고, 제가 이렇게 노무현 지지를 공개적으로 선언하는 중요한 정서적 이유 중의 하나는 이른바 서울대 출신 중에서 나도 좀 잘났다는 소리 좀 들은 사람인데 내가 노무현 밑에서 확실히 기고 들어가서 그 사람을 위해 일할 의사가 있다, 이걸 난 보여주고 싶어요. 노무현은 그럴 만한 자격이 있는 사람이고 그럴 만한 자질이 있는 사람이고 그럴 만한 능력이 있는 사람이에요. 또 그럴 대접을 받을 만한 기여를 한 사람이고. 왜 이것을 인정해 주지 않는가? 그 점에 대해서 저는 운동권도 주류다 그런 점에서는. 오만이다….”

우리가 외곽에서 볼 때 운동권은 한 덩어리 같아 보인다. 하지만 절대 아니다. 정청래, 정봉주는 운동권이다. 근데 두 사람은 의장급이 아니었다. 두 사람 출신학교를 보자. 건국대와 외국어대. 운동권 내에서 주류였을까? 운동권 지도부의 코어에 들어간 사람들이었을까? 최재성은 동국대다. 이들은 탄돌이라 불렸다. 2004년 탄핵정국이 아니었으면 국회의원이 못 되었을 거란 비아냥을 담은 말이다.

전대협 의장급이 아닌 사수대 출신의 운동권을 대하는 저들의 자세가 그랬다. 많은 사람이 탄돌이란 말을 한나라당 계열이 이쪽 국회의원을 비하하는 말로 생각하는데, 탄돌이란 말은 이쪽 내부에서 더 많이 쓰이면 쓰였지 절대 한나라당만 쓰던 말이 아니다.

초선 정봉주와 정청래는 현장에서 구르고 구박받고 B급 정치인 취급 받는 걸 견뎌 낸 사람들이다. 그들이 대중노선에 충실할 수밖에 없었던 건 운동권 학벌 카르텔에서 밀려났었기 때문이다. 공천과 당내 위상을 공고히 하려고 대중 앞에 나설 수밖에 없던 그들 처지가 오히려 정치적 성장에 도움이 된 게 현 상황이다. 인생사 새옹지마!

김근태 의원은 서울대 트로이카로 불렸다. 조영래, 손학규와 함께. 경기고, 서울대, KS. 손학규가 10년을 한나라당에 있다가 이쪽으로 넘어올 수 있었던 원동력은 바로 김근태의 존재, 그리고 운동권 선배에 대한 국회의원들의 예우 때문이었다. 동교동계 설훈 의원의 역할도 컸다. 호칭은 형님. 노무현은 쓸 수 없었던 형이란 호칭.

박원순 시장 얘기를 다시 해보자. 서울대 제명 이후 단국대 졸업. 서울대 법대로 묶이는 시민사회 운동권 내 최고 엘리트. 박원순은 서울대로 묶이는 검사 출신의 서울 변호사다. 문재인은 경희대를 나온 부산 변호사, 지방변호사. 사법연수원 동기인 두 사람을 가르는 서울 변호사와 부산 변호사, 서울대와 경희대.

사법연수원 차석 문재인이었지만 연수원 졸업 시기, 그리고 개업 초기의 두 사람의 위상은 판이했다. 경선 당시 박원순의 문재인에 대한 이성을 잃은 듯한 분노를 보며 한국 엘리트의 지질함을 본 것이 나만의 소회였을까?

안철수나 박원순이나 서울대 나온 사람 중 속 좁은 촌티를 품은 사람들. 그 속 좁은 촌티가 곧 한국의 엘리티즘이라고 난 생각한다. 이번 대선 경선 과정에서 그 속 좁은 촌티 잘 구경시켜 줘서 두 분께 고마운 측면도 있다. 박원순 시장은 넓은 인맥과 네트워크를 자랑했지만, 그 관계의 깊이는 얕았다. 자기 사람이라고 생각했던 사람들이 전부 다른 캠프로 이동했다. 챙겨준 사람들이 존경을 보이지 않을 때 박원순 시장의 정신력은 크게 흔들렸다.

운동권 출신에 대한 비판을 강력하게 했다. 이유는 간단하다. 운동권은 대중성이 없다. 대중들이 민평련이나 시민사회 운동권 보고 주는 표라야 민주당 전체에서 많이 쳐주면 30% 정도나 될까? 반면, 친노가 민주당 득표에서 차지하는 비중은 족히 70%는 될 것이다.

친노는 노무현을 중심으로 한 인맥으로 생각하지 말자. 대중노선에 나선 대중 정치인으로 생각하자. 국민참여경선 앞에서 당당하고 열심히 당원 모집하고, 후배 당겨오려고 반칙 쓰지 않는 사람들. 자리 차지하려고 술수 쓰지 않는 사람들로 확대해석하자. 공개적이고 투명하게 정치하는 사람들로 생각하자.

문제는 친노 타이틀을 단 사람들, 문재인 측근들이 자리를 차지하려 할 때 어떤 일이 벌어지는가에 있다. 그들은 그냥 자리를 내주고 사라지고 만다. 우악스럽게 자리를 차지하려 싸우지 않는다는 거다. 70% 지지율을 긁어와도 70% 임명권을 행사할 수 없는 문재인 대통령과 친노 친문이라면 민주당의 지지도가 계속될까? 난 의문이다.

정파 좋다. 10%면 10% 지분을 가지고 20%면 20% 지분을 가진다면 말이다. 어떤 계파는 엄청난 지지율에도 차지하는 자리가 적고 어떤 정파는 온갖 투쟁으로 대중적 지지율 없이 자리를 많이 차지한다면 그건 사리에 맞지 않는다.

민주당이 대중의 시선과 지지율에 부합하게 인적 구성을 하고 비정규직과 각종 직능대표가 골고루 등용되는 곳이 되는 것. 그리하여 지방자치와 분권 시민의 정치에 더 많은 사람이 다가가고 정보를 얻고 학습할 수 있는 그런 곳이 되는 것을 보고 싶다.

지금 스스로 득표할 능력을 상실한 정파, 대중의 뜻을 받아 안을 능력을 상실한 정파가 너무 과도한 욕심을 내고 있다. 친문의 지분은 확대돼야 하고 다른 정치세력의 지분은 축소돼야 한다. 그게 이치에 맞고 민주정권의 장기 집권을 가능하게 할 초석이 되리라 믿는다.

5

정봉주, 정청래가 친노가 된 사연

정봉주, 정청래 전 의원은 친노가 아니다. 한데 왜 친노로 보일까?

학생운동의 풍경 하나를 묘사해본다.

> **전국에서 모인 애국 학우 여러분, 이 봄 우리는 이곳 전남대에 모여 독재 정권 타도에 앞장설 우리의 의장을 추대할까 합니다. 5.18 항쟁의 정신을 이어받아 마지막 한 명 남을 때까지 끝까지 함께 하리. 그 우리의 믿음을 지켜갈 우리의 의장. 구국의 강철 대오 전대협 O대 의장 OOO입니다.**

와아아아아! 수만의 함성이 울려 퍼진 후 학생들은 의장의 이름을 연호했다. 그들의 함성은 우렁찼고, 결의는 단호했다. 나는 그날을 우리 모두의 날로 기억했다. 친구들도 그랬다. 그날은 우리의 날이었다. 그러나 단 한 사람, 의장은 그날을 자신의 날로 기억했다. 그가 그날을 회상하며 짓는 미소는 내 맘 구석 어딘가를 후벼팠다. 이 자를 믿을 수 있을까? 만인의 대장에서 한 계파의 일원이 된 이 자를 내가 받아들여야 하나? 그날의 추억은 세월 속에 흐릿해지더니 오늘에 와선 씁쓸한 입맛을 남긴다. 세월이 쌓아 놓은 이 텁텁함. 씻어낼 방도가 없다.

나는 정봉주와 정청래를 전대협 이야기에서 시작하고 싶다. 정봉주는 전대협보다는 앞세대이지만 의장급이 아니었다는 점에 초점을 맞춰 정청래와 같이 묶고 나가겠다.

2004년 총선을 통해 국회에 입성한 열린우리당 의원을 비하하는 말 중에 탄돌이가 있었다. 특히 정봉주, 정청래 의원을 향해서 탄돌이란 말을 세게 하는 사람들이 많았다. 그 탄돌이란 비하의 표현엔 옛날 같으면 국회의원 못 됐을 놈들이란 뜻이 담겨있었다.

두 사람은 지역 기반을 다진 정치인이다. 노원구 공릉동 월계동을 지역 기반으로 하는… 우리는 거기서 빵 터졌지만, 정봉주 의원에겐 존재의 뿌리와 절실함이 묻어난 말이었다. 무슨 말인가 하면 그 지역 기반이 없었으면 당내 경선을 통과하지 못했을 사람이 정봉주였다는 의미다.

과거처럼 김대중 대통령이 공천권을 행사하던 시절엔 운동권 의장

출신도 아닌 정봉주가 눈에 들어올 일이 거의 없었다고 봐도 무방하다. 김대중 대통령의 인재충원방식으로는 걸러졌을 인물들이지만, 열린우리당의 국민참여경선으로는 공천을 받아낼 수 있던 사람들이 바로 정봉주와 정청래 의원인 것.

그렇게 국회에 입성한 그들에게 꽃길이 열려 있었을까? 아니었다. 의장급들은 그들을 어떻게 대우했을까? 아니 취급했을까? 계파회합을 하면 이들은 어느 곳에 앉았을까? 이들은 간부였을까? 그 조직의 사병이었을까?

군대로 따지면 지휘통제부에 있는 학생운동 의장급들. 그리고 야전에서 굴러야 하는 정봉주, 정청래. 초선의원 정봉주와 정청래는 그렇게 정치의 최일선에서 구른 사람들, 즉 행동대장들이었다.

두 의원에게 박스떼기다 뭐다 행동대장을 시키고 난 후 만신창이가 된 그들의 처절함은 누가 위로해주었을까? 아무도 해주지 않았다. 그들은 어떤 희생적 행위를 해도 계파 안에서의 위상이 올라가지 않았다. 운동권 카스트 제도는 신분의 변동을 쉽사리 용납하지 않는다.

토사구팽. 저들은 정치판에서 개 취급당하는구나. 내 눈에는 그렇게 보였다. 2007년 대선이 끝나니 버리는군. 그러고 나서 2008년의 낙선과 야인생활. 두 사람은 각자 자기의 지역구로 돌아갔다. 지역민들과 스킨십을 늘리며 권토중래의 의지를 다지려는 듯. 그러다가 팟캐스트 열풍이 불어닥쳤다. 그 시작이자 전설이 된 나꼼수의 깔때기, 정봉주.

나꼼수가 대중의 열화와 같은 성원을 얻으며 승승장구하던 시기에 그 주역인 정봉주 의원도 스타 정치인이 된다. 그런 정봉주를 이용해 자기 이름값을 알리려는 수많은 정치인 부나방이 있었다. 그러나 BBK 저격수 정봉주를 보호해주는 사람은 찾을 수 없는 풍경. 정봉주가 감옥 가는 날 정치판의 더러움이 이와 같구나 싶었다. 그 이후로 지금까지 정봉주의 사면을 위해 노력한 정치인을 본 적이 있는가? 박근혜 정부 아래에서 정봉주 사면이 협상 테이블에 올라간 적은 없는 거로 안다.

2015년 민주당 전당대회 최고위원 선거. 1위는 주승용 의원이었다. 워낙에 대의원 권리당원 득표가 압도적이었다. 2위가 바로 정청래 의원. 여론조사에서 압도적 1위에 힘입어 2위로 최고의원이 된다. 그리고 터진 막말 사태.

막말 사태 때 정청래를 상스럽고 저급한 인간이라고 규정하는 그 종편의 공격에 같이 맞서 싸우는 동료 정치인을 본 적이 있는가? 정청래 의원이 윤리위에 넘겨지는 중에 동교동계의 해당 행위를 지적하며 정청래를 옹호하는 사람을 본 적이 있는가?

대중적 지지도 하나만 가지고 있는 정청래. 친노도, 민평련계도 아닌 정동영 계였던 인물. 끈 떨어진 정청래가 동교동계와 꽝 부딪혔을 때 그가 고립되는 모습은 그 자체로 왕따였다. 정파, 계파의 끈이 떨어진, 그러나 대중적 지지는 확보한 인물.

그리고 컷오프.

컷오프와 함께 지역구 마포을을 두고 도는 흉흉한 소문들. 시민단체 출신 누군가가 공천될 거라는 이야기들. 그건 국민을 완벽히 무시하는 계파 정치 그 자체다. 김종인 비대위원장이 오자마자 재빨리 접근하는 사람들과 그 계파들이 공천을 낚아채는 모습. 박영선 의원을 경계하지 않을 수가 없는 장면이었다. 정파가 없거나 약한 정청래를 향한 잔인한 칼. 무지하게 씁쓸한 풍경이었다. 그때 등장한 손혜원, 논란은 종결된다. 마포을 공천은 손혜원에게로.

정봉주나 정청래는 정치판에서 줄 잘 못 서고 계파에서 인정을 못 받아도 국민과의 호흡을 맞추면 살아남을 수 있다는 걸 증명한 정치인이다. 공천권이 계파 보스가 아닌 국민에게 있다는 걸 순응하는 사람들은 굳이 친노다 아니다로 구분할 필요는 없을 것 같다. 정봉주, 정청래는 노무현처럼 끈 없는 정치인이고 대중만 바라보고 가는 정치인들이다. 그들이 친노처럼 보이는 건 어쩌면 당연할 수 있다.

6

진영을 위기에 빠트리는 3대 세력. 여성 원리주의, 민족 원리주의, 기독교 원리주의

자살골을 넣는 자기편. 그것도 자살골이 날 확률이 높은 위험한 플레이를 즐기는 같은 편을 어떻게 받아들여야 할까? 답은 하나다. 주전으로 기용하면 안 된다.

민주세력이 대중성을 상실하고 그들만의 리그에 매몰되지 않아야 한다. 자신만이 옳다는 비타협적인 모습을 보이지 않아야 한다. 대중이 민주세력에서 광기를 발견하고 그들을 멀리하는 모습이 더는 있어서는 안 된다. 난 민주세력 중 상식에서 이탈하고 전위를 외치는 세력은 저지해야 한다고 생각한다.

민주세력이 이념에 경도되었다는 보수의 공격을 오랫동안 인신공격이라고 치부해왔다. 이제는 그럴 수만은 없다. 이러저러한 폭력사

농협
한.경.오
조.중.동
여성단체

태와 극한의 내홍을 지켜보며 진보세력의 정파들이 어느 정도로 파행적인 정치 투쟁을 하는지 알았다.

보수가 점 만 원짜리 고스톱을 친다면 진보는 점 십 원짜리 고스톱을 친다. 가난하지만 이들도 권력투쟁에 몰입되어 있다. 그걸 끊어내야 한다. 보수의 탄압만이 문제가 아니다. 진보 진영의 실력과 건전함 또한 문제다.

첫째, 민족이란 이름을 지나치게 강조하는 정치세력을 경계해야 한다. 식민지 민족으로 화석화하고 그 아픔의 역사를 확대 재생산하는 세력을 두 눈 크게 뜨고 지켜봐야 한다. 그런 피해의식은 두 가지 갈래로 발달한다.

하나가 극한의 투쟁을 정당화하는 민족 해방 사상이다. 반미 반제 투쟁의 민족 해방 영도자로 김일성 수령을 상정한 주사파가 이에 속한다. 또 하나는 우리가 이 세상 인간의 본류라는 환단고기 중심의 역사관. 난 이 두 가지 민족주의가 진보의 대중성을 파괴하고 고립시키는 원흉 중 하나로 본다.

종북좌파라는 말의 근원이 전혀 허황한 것은 아니다. 물론 종북좌파를 일반화해서 모든 민주세력이 종북좌파라고 주장하는 건 허언에 가깝다. 하지만, 그 일부 주사파를 민주세력으로 인정하고 포용하는 자세를 보이는 민주세력 또한 대중성을 포기한 80년대의 화석일 뿐이다. 우리는 과거의 상처로부터 빠져나와야 한다. 전두환과 함께 성장한 종북 주사세력을 민주세력의 일원으로 인정하는 건 자살골이다.

둘째, 울트라 페미니즘을 경계해야 한다. 종북주사파가 전두환과 한 쌍이라면, 울트라 페미니즘은 일베와 한 쌍일 것이다. 패륜적 언어와 행동을 활동지침으로 삼고 남성에 극단적 적개심을 노출하는 행위를 운동의 방식으로 인정할 순 없다. 메갈, 워마드 등의 커뮤니티로 상징되는 울트라 페미니즘 운동을 기성 여성계가 용인하고 그들을 정치적 자원 삼아 자금과 조직을 확대하는 것은 대중으로부터 진보정치세력을 고립하는 결과를 초래한다.

극단주의자를 포용하고 그들을 이용해 대중을 좌지우지하겠다는 발상은 21세기에 성공하기 어렵다. 정의당은 메갈 사태를 통해 주요 지지기반을 상실하고 성장의 동력을 잃었다. 울트라 여성주의를 자신의 정치적 성장의 자원으로 보고 있는 정치인은 심사숙고해야 한다.

셋째, 기독교 원리주의의 폐해가 심각하다. 보수는 일부 기독교 세력을 반공 수구의 동력으로 이용하려 한다. 진보 일부에선 기독교의 도덕적 엄숙주의와 창조과학을 전파하려고 노력한다. 기독교는 사학(私學)을 중심으로 교육계의 패권을 잡은 세력이기도 하다.

또 기독교는 여당과 야당, 좌와 우의 연결고리이기도 하다. 기독교를 빙자한 십자군 알바단, 창조과학회의 교과서 개정 운동, 방산비리

돈세탁에 연루된 정황, 각종 성추행 파문 등 세속적인 문제에 돈과 조직으로 깊숙이 개입하고 있는 교단에 대한 경계의식은 정치세력들이 반드시 가져야 할 덕목이다.

3

친노와 그 적들의 탄생

1

2004년 주류 동교동에 대한 신진세력 연합의 반기

노무현의 탄핵을 주동했던 건 동교동의 민주당이었다. 전국 정당화를 위해 국민경선 도입과 당원의 확대를 도모했던 노무현, 김근태, 정동영으로 대표되는 신진세력의 시도는 민주당 내 기득권의 해체를 의미했다. 대의원 절대다수가 호남에 편중된 민주당의 공천 기득권을 내려놓으란 노무현과 신진세력의 요구를 민주당의 주류인 동교동은 거부했다.

대의원의 절대다수를 확보한 동교동. 당시 당의 의사결정 구조로는 자신들의 의지를 관철할 수 없었던 노무현과 신진세력은 열린우리당을 창당하고 민주당과 결별했다. 그 분열을 신진세력은 역사의 사명으로 여겼고, 동교동은 배신으로 간주했다. 그 배신감에 근거한 민주당의 보복이 탄핵의 주동력이었다.

2004년 탄핵은 주류 동교동계와 신진세력 연합, 신구 갈등이 충돌하며 불러온 파국이었다. 신진세력은 국민참여를 화두로 한 정당 권력의 이양을 요구했고 동교동계는 이를 거부했다.

이 갈등의 구조는 2017년 현재 민주당에서도 여전히 건재하다. 우선, 2017년 대선 과정을 통해 새로 입당한 당원들의 눈높이를 충족시키지 못하고 있다. 친문 대중들은 민주당의 업그레이드를 요구하고 있다.

업그레이드를 요구하는 친문 그룹이 그렇다고 대안이 있는 것도 아니다. 출마자를 내놓을 정파 기능은 없는 것이다. 2018년 지방 선거를 거치며 당원의 요구와 정당 산출의 불일치는 거대한 피드백의 소용돌이를 몰고 올 태세다.

2004년의 신진들은 2017년의 중진이 되어 이제 역으로 정풍운동의 대상이 될 운명이다. 80년대의 화석이 되어버린 386 중진들. 운동권을 넘어 새로운 대중 정치를 갈망하는 대중들. 이 충돌을 피할 수 있을까?

2

2007년 노무현을 밟고 올라서려는 대선 주자들, 그리고 파국

2007년 대선이 다가오자 노무현 정부를 실패한 정부로 규정짓는 열린우리당 내 목소리가 커졌다. 친노가 차기 대선 주자로 부상하는 것을 막고 자기 자신이 대선주자로 발돋움해야 하는 비노 정치인들은 정치 공학적으로 그런 선택을 했다.

김근태와 정동영은 딱히 나쁜 사람들이라기보다는 대통령이 되고 싶어 했던 사람들이다. 그들은 노무현 다음 주자가 되기 위해 노무현과 친노를 밟고 올라서야 했다. 김근태와 정동영 연합.

그들은 노무현 정부의 잘못을 지적하고 열린우리당을 부정하며 동교동을 다시 끌어들였다. 유시민을 중심으로 한 친노세력의 반발 속에서 진행된 대통합민주신당의 창당은 친노 대중에게 커다란 상처를 입혔다. 참여정부 실패론이 대세론으로 굳어지며 책임론은 친노 내부에서도 나왔다. 화살은 정치적 경호실장 유시민에게 쏠렸다.

친노세력 또한 유시민의 리더십에 크게 반발했다. 이런 가운데 이해찬 총리와 유시민 두 명의 친노 주자가 입장을 달리한 체 동시에 출마한다. 친노 일부는 정동영으로, 일부는 손학규로 흡수되며 친노가 열린우리당의 소수였음이 명확히 확인되기에 이르렀다.

경선이 진행되는 와중이었지만 민주당 잔류파인 이해찬과 민주당 탈당을 마음에 품은 유시민의 입장은 선명했다. 경선이 시작되고 제주도 성적표가 나오자 유시민은 조기 사퇴한다. 손학규, 정동영, 이해찬 3강으로 치러진 경선은 경선 시작 전 손학규의 낙승이 예상되었던 것과 다르게 진행됐다. 손학규는 김근태를 대신한 후보였다.

학생운동권의 전폭적인 지지를 받는 손학규는 여론조사에서도 1위를 달리고 있었다. 그것을 뒤집은 게 정동영 캠프였다. 정동영은 동교동계와의 연합 그리고 노사모 운동가 조직을 흡수하며 경선 초반 손학규에 대한 열세를 뒤집는다.

그 과정에서 정동영 캠프와 손학규 캠프가 정면충돌하는 사건이 발생한다. 이름하여 '박스떼기' 사건. 대리 등록이 가능한 당시 경선 규칙의 허술함을 틈타 대리 등록이 기승을 부렸다. 주변 사람들의 명부를 긁어모아 박스로 운반했다고 해서 박스떼기라 이름 붙여진 이 사건은 부산에서 폭력사태로 이어졌다.

당시 정동영의 팬클럽인 정동영과 통하는 사람들(정통)이 차량 동원, 명부 동원을 한다고 의심한 손학규 캠프의 정봉주 의원은 부산에서 현장을 급습하고 그런 정봉주 의원과 정통 회원들 사이에 몸싸움이 발생한다.

그 폭력사태의 피해자로서 성명을 발표하는 정봉주 전 의원의 모습은 인터넷에 영상으로 남아 있다. 정봉주 의원이 경찰서에 있을 때 피의자 측 변호인으로 등장한 사람이 정동영 팬클럽의 대표였던 현 이재명 시장이었다.

정청래 의원 또한 이 난전의 한 축이었다. 당시 혼탁상은 민주당 지지자들에게 상처를 주었고 친노 대중의 이탈을 가져왔다. 2007년 대통합민주신당의 경선은 박스떼기의 깊은 상흔을 남기며 정동영의 승리로 끝났다. 그리고 치러진 대선은 BBK와 이회창 출마 등 숱한 악재에도 이명박의 낙승으로 끝나고 만다.

친노 대중은 정동영을 찍느니 기권을 택했다. 투표율은 저조했고 이미 승부가 난 대선이었다. 친노 대중의 지지가 없는 민주당 후보 정동영은 30%의 지지도 얻어내지 못했다. 오로지 동교동의 조직력과 '그래도 민주진영의 대표'란 상징으로선 그것이 최대치였다.

대선이 끝나고도 민주당은 친노를 품지 않았다. 안희정은 2008년 총선에서 공천 탈락했다. 그는 공천 탈락에 승복했지만, 친노의 굴

레를 쓰고 있는 한 그를 국회의원 시켜줄 민주당이 아니었다.

2017년 대선과정에서 대연정 논란을 통해 보다시피 안희정은 친노의 외피에서 기존 정파들과 융합하려는 자세를 취하는 가장 대표적인 사람이다. 그런 안희정마저 민주당은 2008년 총선에서 품지 않았다.

민주당은 2008년 손학규를 대표로 총선을 치렀다. 결과는 81석. 친노 대중을 저버린 민주당의 한계를 확인한 것이다. 친노의 비토 속에 김근태마저 도봉구 갑 지역구에서 신지호에게 지고 말았다. 친노 대중과 김근태의 결별. 2008년 총선은 동교동과 민평련으로 대표되는 재야운동권의 한계를 여실히 보여준 선거였다. 그들은 친노 대중 없이는 보수세력에 도전할 역량이 없던 것이다.

3

운명의 2009년 5월 23일, 노무현을 내팽개친 당사자는 누구인가?

마음 줄 곳을 잃었지만, 대중적 열기는 분명 존재했다.

대중의 좌절과 시대의 반동을 우려한 집단의식은 광우병 사태를 계기로 활활 불타올랐다.

민주당도 진보 정당도 받아 안지 못한 대중적 에너지는 결국 터져 나왔다. 이명박 정부에 대한 강력한 도전. 그리고 이명박은 촛불의 구심점이 노무현이라 간주했다. 2002년 효순이 미선이의 참혹한 죽음을 계기로 촛불이 처음 등장했을 때, 그 촛불의 열기는 대통령 노무현을 만드는 열기로 이어졌다. 그 기적과도 같은 승리의 배경이 된 대중적 에너지인 촛불.

우리 자신은 모르고 있었지만 결국 촛불은 항상 노무현을 향했다. 이명박은 보복지점을 정확히 읽고 정조준했다. 이명박은 노무현의 대중성을 알고 있었고 그 구심점을 제거하려 한 것이다.

"나와 주세요. 대통령님"

"일할 때는 욕만 하더니 이제 노니까 좋데요."

봉하 사저 앞에서 연일 이어지는 훈훈한 풍경들. 대중과 함께하고 민심이 향하는 사람 노무현.

이명박은 노무현의 존재 자체를 참을 수가 없었다. 노무현은 곧 대중이고, 대중이 곧 노무현이었다. 촛불 저항의 중심은 노무현이었다. 무엇보다 촛불 한복판에 노사모 구성원들이 대단히 많았다.

이명박은 자발적 참여로 촛불을 이해하지 않았다. 노무현을 싫어하는 좌파들까지 뒤섞여 있던 열린 마당이었건만 이명박은 집권 기간 자신을 물고 늘어질 대중의 구심점으로 노무현을 바라봤다. 그리고 숙청하기로 마음먹은 것이다. 나는 그렇게 추론한다.

이명박이 노무현을 향한 죽음의 레이스를 시작했을 때, 민주당은 저항했던가? 안 했다. 김대중을 향한 공격이 그렇게 가해졌다면 민주당은 반드시 목숨을 걸고 지켰을 것이다. 동교동과 재야운동권의 민주당은 노무현을 버렸다. 방관했다.

노무현을 죽음으로 내몬 건 이명박만이 아니다. 이명박이란 승냥

이 앞에 노무현을 내팽개친 민주당 정파들의 책임 또한 크다. 동교동, 민평련, 재야운동권 그리고 시민사회. 그들이 노무현을 패대기친 거다. 나는 그 분노로부터 아직 해방되지 않았다.

특히, 동교동과 안철수의 국민의당. 우리는 이명박을 잡으러 가야 한다. 우리 역사에 악행을 한 자에게 반드시 한 번이라도 응징의 기록을 남겨야 한다.

헌법재판소장과 대법원장 임명에 이르기까지 당신들은 우리가 이명박근혜의 적폐를 청산하러 가는 길목에서 걸리적거리고 있다. 민주진영의 일원이라면 대중의 외면을 받고 사라질 운명이라 하여도 정도를 걸어야 할 것이다.

4

민주노동당의 정체

여기서 민주노동당 이야기를 잠시 하자. 2004년 당시 민주노동당은 군자산의 약속, 즉 9월 테제를 발표한 'NL 전국연합'이 패권을 쥔 상태였다.

여기서 '군자산의 약속'의 성격을 다시 한번 되짚어 보자. 우리의 재야운동권은 개량주의자, 수정주의자란 명목으로 수많은 사람을 비판했다. 혁명만이 지고지순한 가치이고 베른슈타인류의 사회민주주의도 시민사회 활동도 혁명을 배반하는 반동적 행위로 간주했다. 혁명이 아닌 다른 이야기를 하는 것은 곧 배신을 뜻하는 경직성을 운동권은 버리지 못하고 있었다.

90년대가 되어서도 그런 외곬 혁명의 길을 주장하는 사람들이 운동권 성골이었다. 노농학 혁명 3대 주체세력론과 혁명론으로 수직화되어 있던 운동권은 시대를 따라잡지 못했다.

2000년대가 들어서서야 시대가 변했음을 파악하고 혁명이 아닌 의회참여와 시민사회 활동의 참여를 결정한 운동권 수뇌부 혁명조직의 결단이 군자산의 약속, 9월 테제인 것이다.

인천연합, 경기동부연합, 전라광주연합, 울산연합이 하나가 되어 전국연합을 만들고 선포한 군자산의 약속은 운동권 주류 혁명세력이 드디어 의회정치를 인정하고 선거를 통한 권력 장악을 시도하는 계기였다.

군자산의 약속은 3년 후 총선에서 약진, 10년 후 집권을 목표로 삼고 있었다. 결국, 3년 후 원내 입성의 목표를 달성한 전국연합은 집권을 위해 대중의 전폭적인 지지를 얻어야 했다.

그들은 노무현이 얻고 있는 대중적 지지는 자신들이 받아야 할 것이고, 대중은 노무현이란 쁘띠 부르주아 소영웅주의자에게 환상을 품고 있다고 여겼다. 그 환상을 걷어 버리면 자신들이 그 지지를 독차지할 거로 인식했다. 민주노동당의 기본인식이 그랬다.

PD 계열인 노회찬도 다르지 않았다. 민주노동당 주류에서 비주류로 밀려난 PD. 민주노총과 민주노동당의 주도권 싸움에서 전국연합에게 수적 열세를 느끼며 밀려난 노회찬이었지만 열린우리당과 한나라당을 비슷한 부르주아 정당으로 묶고 자신들은 차별화한 정당임을 강조하는 그 시각은 NL 조직과 함께하고 있었다. 노무현을 가장 아프게 한 저격수, 그가 노회찬이었다.

민주노동당은 친노 대중의 배려 속에 비례 표를 얻고 약진했지만, 노무현에게 협조적이지 않았다. 진보는 노무현 정부를 신자유주의 정부로 규정했고 비타협적인 공세를 이어갔다.

대추리, 강정, 평택, 이라크 파병, 한미 FTA까지 원론적 차원에서의 비타협적 투쟁이 그들이 노무현과 열린우리당에 가졌던 기본자세였다.

그들은 훗날 통합진보당으로 합류하는 유시민에게 사과를 요구했다. 유시민은 통과 의례로 생각했을지 모르나, 그것이 빌미가 되어 진보는 노무현 정부에 모욕을 일삼았다. 통진당, 정의당에 이르기까지 유시민의 참여계를 향한 모욕적 언사는 지속했다. 신자유자의자라는 이름, 쁘띠 부르주아 정치라는 딱지가 붙은 노무현과 친노. 친노를 그렇게 폄훼하는 풍토가 현재 진보계열에 여전히 만연해 있다.

5

유시민의 대실책, 탈당, 창당, 합류

국민참여당은 유시민이 주도적으로 창당한 당이 아니다. 천호선과 권태홍이 주도하고 유시민이 합류한 것이 공식적인 모양새다. 하지만, 일단 노무현 대통령 서거 후 대선후보 지지율 1위인 유시민이 합류한 이상 국민참여당은 유시민의 당인 거다.

국민참여당은 선명한 친노 정당이었고, 노무현을 잃은 한을 공유한 사람들의 정당이었다. 15만 당원. 노무현을 잃고 민주당으로는 갈 수 없던 그 수많은 민심이 모인 곳이 국민참여당이었다. 그러나 국민참여당은 김해 보궐선거에서 패배. 그리고 경기도지사 선거에서도 패하며 존립의 근거가 무너진다.

야권에 분열을 안기고 결국은 패배하고 마는 정당이라는 게 유시민과 국민참여당에 쏟아진 비난이었다. 유시민은 떨어지는 지지율

속에 2012년 총선 전략으로 진보신당과 민주노동당을 하나로 묶는 마중물로 자신을 쓰기로 한다. 진보신당은 공식적으로 이 합당을 거부했으나 리더들이 당원을 버리고 합류하기로 함에 따라 통합진보당이 탄생한다.

노회찬, 심상정을 따라나선 300명 전후의 진보신당계열 당원. 유시민을 끝까지 따라온 1만 5천 명 전후의 참여계, 그리고 경기동부 4만 명을 주축으로 전국연합이 절대다수인 민주노동당. 이 삼자의 결합과 민주당과의 선거연대는 2012년 총선에서 진보 정당의 부활을 선언하게 한다. 하지만 당시 쭉쭉 치고 나가던 민주당의 지지율이 꺾이고 총선 패배의 원인을 제공한 것 또한 진보 정당과의 연합이었다.

통진당과의 연대에 우려를 품고 있던 중도층의 이탈은 2012년 총선 패배로 이어지고 만다. 유시민은 한 무리의 친노를 이끌고 엑소더스를 시작해 가나안으로 향했으나 도착한 가나안 땅은 폐허의 땅이었다.

통진당은 총선 이후 비례대표 선거 과정에서의 부정선거가 폭로된다. 위장전입, 차명 당원, 유령 당원 등의 문제가 제기된 것이다. 처음엔 패권세력인 경기동부의 부정선거에 대한 의혹으로 시작됐으나 검찰 수사가 진행되자 당내 모든 정파가 부정선거를 일삼은 정황이 드러났다. 유시민의 참여계도 부정선거를 시도한 정황이 나왔다.

드디어 검찰에 당이 난도질당하는 상황을 자초한 통진당은 검찰에 속을 다 내어주고 말았다. 그런 치욕적인 상황에서도 반성은커녕 통진당 전국위원회 회의가 인터넷으로 생중계되는 와중에 폭력사태를 일으켰다. 머리를 쥐어뜯고 주먹질과 발길질이 난무하는 그 아수라장을 온 국민이 지켜본 것이다. 결국, 그 폭력사태는 각 정파의 분열로 이어진다.

통합진보당에서 탈당한 건 전국연합에서 이탈한 인천연합 일부, 유시민의 참여계, 그리고 심상정, 노회찬 등이었다. 이들이 함께 만든 정당이 진보정의당이다. 진보, 그 오욕의 이름을 떼어내며 다시 한번 개명한 것이 정의당이었다.

2016년까지 천호선 대표 체제에서 정의당은 안정성장을 이어나갔다. 대중적 진보정당으로서 꾸준히 어필하고 유시민, 진중권, 노회찬이 진행한 팟캐스트 〈노유진의 정치카페〉의 덕도 크게 봤다. 그런 정의당이 성장을 멈추고 대중성을 잃게 된 건 당 대표가 심상정으로 바뀐 후의 일이다.

가장 상징적인 사건이 이른바, 메갈 사태. 겉보기엔 여성주의 논쟁으로 포장된 이 논쟁은 자기세력이 없이 당 대표가 된 심상정이 진보신당계열, 즉 PD 계열에 정의당의 문호를 개방하면서 발생했다.

진보신당, 사회당, 녹색당, 국민은 이번에도 정의당의 참여를 거부했다. 김세균 대표의 국민모임21과 기타 여러 PD 계열의 정의당 합류파들이 정의당에 진보결집이라는 이름으로 합류하면서 정파 간 갈등의 씨앗은 심어졌다. 결국, 유입된 PD 계열과 인천연합 활동가들이 여성 이슈로 한목소리를 내는 와중에 대중노선을 표방하던 일반 당원들과 활동가 간 출동이 벌어진다.

운동권과 친노 대중의 충돌양상으로 전개된 이 사태는 유시민 정계 은퇴 뒤에도 정의당에 남아 있던 참여계의 대대적 이탈로 이어졌다. 이 일은 정치인 유시민과 함께 민주당을 떠나 엑소더스에 합류했던 친노가 정파적으로 소멸하는 계기가 된다.

유시민의 정치은퇴, 그리고 이렇다 할 리더가 없는 상황에서 당직에서 배제된 참여계는 일명 '몸 빵 돈 빵'의 역할만을 맡은 채 정의당에 남거나 떠나게 된 것이다.

여전히 일부가 정의당에 남아 있지만, 참여계 대다수가 문재인 지지자이고 많은 이가 이미 민주당에 들어와 있다. 이 글을 쓰는 나도 그 엑소더스 끝에 문재인 지지자로 민주당에 돌아와 있다.

6

민주당 친노의 구심점이 된 문재인

2008년 81석을 얻은 민주당은 큰 교훈을 얻었다. 친노 없이는 안 된다. 노무현 대통령 장례식의 그 오열의 노란 물결 속에서 민주당은 또다시 깨닫는다. 친노의 합류가 답이다.

그러나 그들은 유시민은 싫었다. 유시민은 정파 장이다. 그의 복귀는 공천권을 나눠줘야 함을 의미하고 여러모로 껄끄러운 존재가 되돌아온다는 걸 의미했다. '싸가지 없는 유시민' 그게 유시민을 규정하는 그들의 말이었다. 유시민과 감정의 골이 깊을 대로 깊어진 그들이 유시민을 중심으로 친노 대중을 품는다는 건 상상할 수 없는 일이었다.

유시민으로서도 그 상황을 잘 인식하고 있었다. 좌파 쪽은 유시민이 통진당에 합류한다고 했을 때 유시민이 통진당의 대선후보가 되어 민주당 후보와 통합 경선을 하는 로드맵을 그리고 있다고 봤다.

유시민 본인의 생각은 어떠했는지 모르겠으나 좌파 일반은 유시민이 대선으로 가는 방법으로 진보통합을 선택했다고 봤다. 정동영 또는 손학규가 후보가 될 민주당 대선후보 경선이기에 2007년의 패배를 반복하기 싫은 대중이 유시민과 민주당 후보의 통합을 원할 거라는 게 당시 진보 쪽 시각이었다.

그 와중에 민주당이 찾은 답이 문재인이다. 문재인은 친노 대중을 민주당으로 불러들여 올 수 있는 구심점이자 경기도지사 낙선 후 유시민에 회의론이 들끓을 때 그의 운신 폭을 좁혀줄 일타쌍피였다.

김어준을 중심으로 문재인 띄우기가 시작되고 슬슬 불던 문재인 바람은 대중의 급격한 호응을 얻었다. 마침내 문재인은 친노의 중심으로 우뚝 선다. 그리고 대선 후보 문재인을 염두에 두고 치러진 2012년 총선. 비록 과반의석 확보엔 실패했지만, 81석이던 민주당은 127석을 얻는다. 문재인을 중심으로 한 친노 대중의 재결집에 시동이 걸린 것이다.

7

2012년 대선. 민주당 모든 정파가 외면하는 대선 후보 문재인

2012년 대선 때, 국회의원들이 지원 유세를 하지 않고 방구석에서 텔레비전을 봤다는 말은 과장된 말도 음해도 아니다.

2012년 민주당 국회의원들은 문재인 지지유세를 하지 않았다. 대부분이 그랬다. 극히 소수만 했고 해도 시늉만 냈다. 지역 조직이 움직여 주지 않는 대선후보 문재인. 그 악조건 속에서도 문재인은 48.02%를 득표했다.

국회의원 선거가 대선 후라면 어땠을까? 그들은 선거운동을 열심히 했을 것이다. 국회의원 선거는 끝났고 본인들은 이미 당선이 되었는데 굳이 문재인이 당선되라고 열심히 선거운동할 동기가 그들에겐 없었던 셈이다. 되거나 말거나.

박근혜나 문재인이나 누가 당선되든 크게 상관없다는 이 놀라운 스탠스가 당시 민주당의 민낯이었다. 손학규계가 어느 정도 방관을 했었는지, 김두관이 경선 과정에서 한 말들은 접어두자. 어찌 됐건 지금 그들과 나는 민주당 동지들 아닌가? 그들 또한 실책을 반성하고 함께하려 하는 노력을 보여주고 있다. 박 모 의원, 이 모 의원 등 김종인 옆에서 또 한 번 배신의 칼을 등에 꽂았던 사람들은 빼고.

2012년에 문재인은 민주당 의원들의 총선 득표를 위해 동원된 친노의 꽃이었다. 그 어떤 당내의 실권, 리더십, 동원력은 없었다. 친노의 중심 기능을 하던 유시민과 국민참여당이 무너진 후 민주당으로 친노 대중을 집중시키기 위한 상징, 그게 문재인이었던 거다.

총선이 끝나고 대선이 다가오자 민주당 국회의원들은 문재인을 단물 빠진 껌 취급했다. 안철수와 문재인을 양손에 올려놓고 저울질을 한 것이다. 자기들 지분을 더 확보하는 쪽이 누구일까? 문재인은 친노 대중의 지지를 끌어오는 사람. 안철수는 중도적 성향의 정치 혐오층에 어필하는 사람. 그들은 민주당 후보 문재인의 대통령 당선보다 자신들의 정치적 입지에 무엇이 더 좋은가만을 생각했다. 그리고 그때의 그 구성원 중 상당수가 현재 민주당에 남아 있다.

국민의당으로 간 동교동계만 2012년 대선후보 문재인을 외면한 게 아니다. 지금 2017년 현재. 대선이 끝난 이후로도 대중노선과 친노를 배제하려는 움직임은 끝나지 않았다. 여전히 소수의 정치 엘리트들이 당을 장악하고 차기 대권을 향한 몸부림 속에는 권리당원을 배제하고 친노를 차단하려는 움직임이 있다. 그 움직임을 이야기하지 않고 엄폐하는 데에는 팟캐스트, 조중동, 한경오에 이르기까지 모두가 있다. 후술하겠다.

여기까지가 2015년 전까지의 개괄적이 이야기다. 지금의 정치를 설명하기 위한 배경이 되는 사실들을 가능한 한 축약해서 썼다. 지금부터가 시작이다. 이제 바로 오늘의 정치 얘기를 하기 위한 본격적인 장면으로 들어가 보자.

4

악마가 만들어지는 적폐 구조

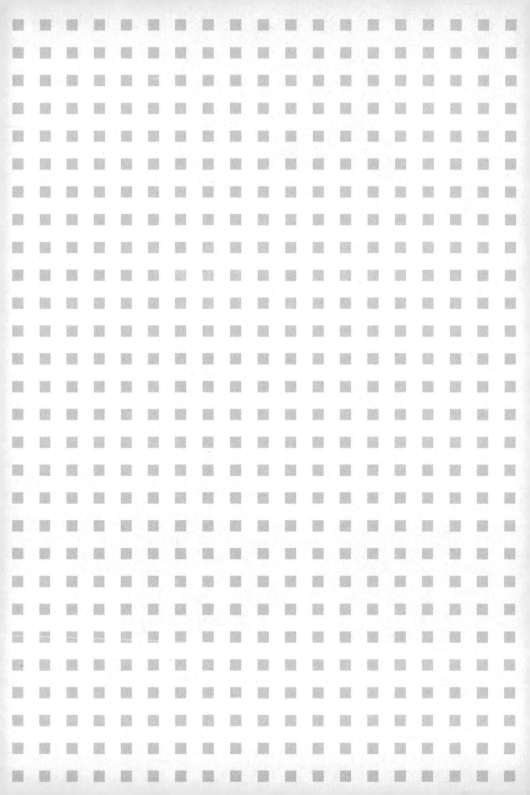

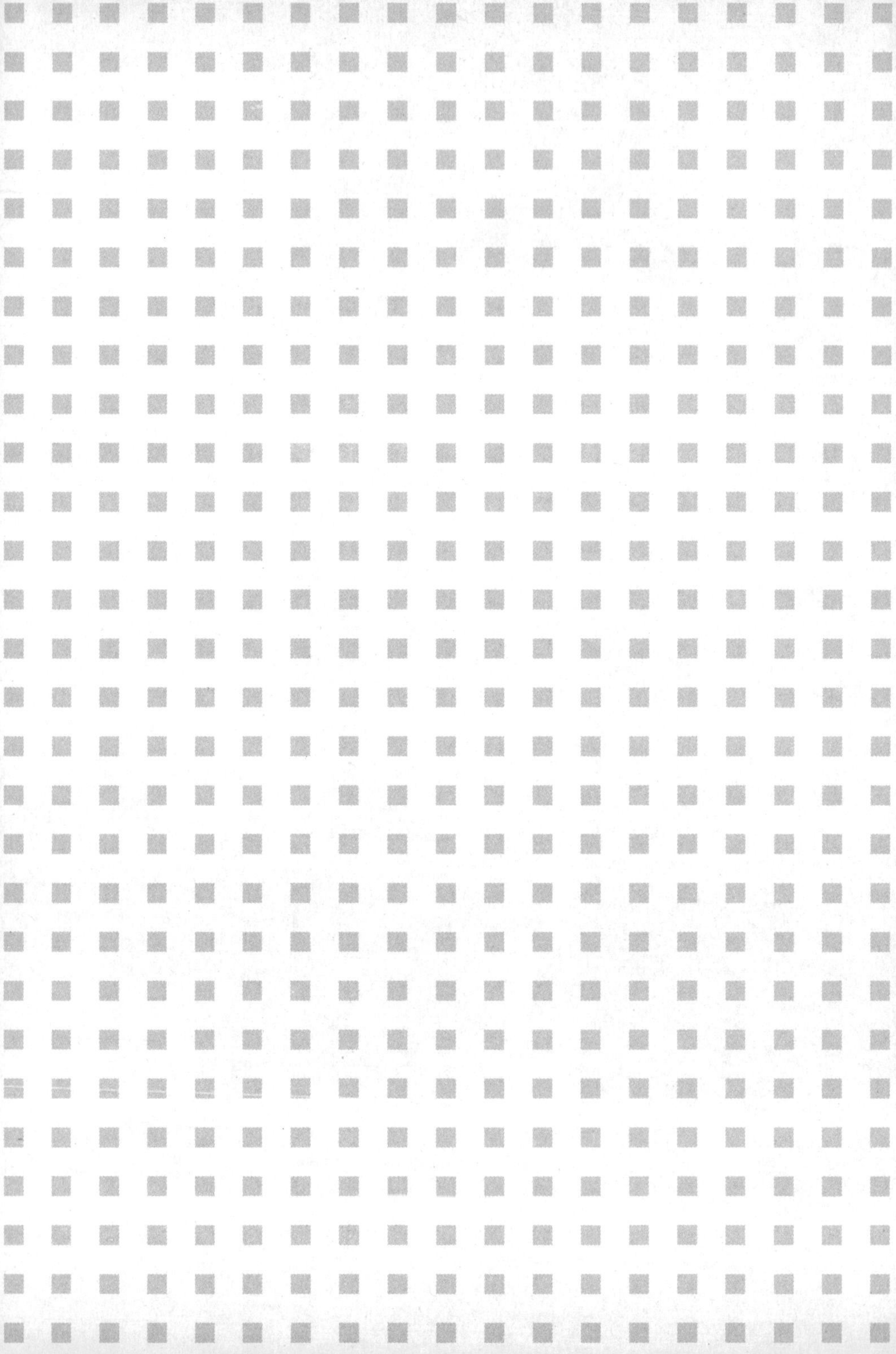

1

당원도 국민도 모르는 정당의 적폐 시스템

일단 민주당 당헌 당규에 각주를 달며 풀어나가 보겠다.

민주당의 최고 의결기구는 전국대의원대회다. 대의원이 어떻게 구성되는지 살펴보자

제1절 전국대의원대회

제14조(지위와 구성) ①전국대의원대회는 전국의 당원을 대표하는 당의 최고대의기관이다.

유재일 주: 뭐 그렇다는군요.

②전국대의원대회는 다음 각 호에 따라 구성한다. 1. 당 대표 2. 최고위원 3. 상임고문과 고문 4. 당무위원 5. 중앙위원 6. 당 소속 국회의원 7. 정책

연구소의 장과 차급의 장 8. 중앙당 각 위원회(급)의 위원장(급)과 부위원장(급)의 정무직당직자 9. 시·도당위원장 10. 지역위원장 11. 당 소속 지방자치단체장 12. 당 소속 지방의회의원 13. 중앙당 사무직당직자 14. 전직 국회의원, 전직 장·차관, 전직 시·도지사. 이 경우 우리 당의 당원인 자에 한한다. 〈개정 2015.2.8.〉

유재일 주: 자 1번부터 14번까지는 그냥 짱들. 당연직 대의원 패스. 이건 인정. 그래봐야 숫자도 별로 안 됨.

15. 당무위원회가 선임하는 700명 이하의 대의원

유재일 주: 여기서부터가 문제. 당무위원회는 누구? 당헌 당규 제21조*를

* 제21조(지위와 구성) ①당무위원회는 당무 집행에 관한 최고의결기관이다. ②당무위원회는 다음 각 호에 따라 100명 이하의 위원으로 구성한다. 1. 당 대표 2. 최고위원 3. 원내대표 4. 국회부의장 5. 전국대의원대회 의장 6. 중앙위원회 의장 7. 전국위원회 위원장 〈개정 2015.7.20〉 8. 사무총장, 정책위원회 의장 〈개정 2016.8.27〉 9. 국회상임위원회 위원장 10. 〈삭제 2015.7.20〉 11. 〈삭제 2015.7.20〉 12. 중앙당의 윤리심판원장, 당무감사원장, 재정위원장, 예산결산위원장, 국가경제자문회의, 외교안보통일자문회의 의장, 세계한인민주회의 수석부의장, 전국직능대표자회의 의장, 참좋은지방정부위원장, 인권위원장, 다문화위원장, 사회적경제위원장, 교육연수원장, 정책연구소의 장 〈개정 2016.10.19〉 13. 시·도당위원장 14. 당 소속 시·도지사 15. 기초자치단체장협의회의 대표, 광역의회의원협의회 대표, 기초의회의원협의회 대표 각 1인 〈신설 2015.2.8〉 16. 원외지역위원장협의기구의 대표 1인 〈개정 2015.9.16〉 17. 당 대표가 최고위원회의 의결을 거쳐 선임하는 여성, 청년 등 5명 이하의 당무위원 〈개정 2015.2.8〉 ③당무위원회의 의장은 당 대표가 맡는다.

살펴보면 순환 논리가 발생한다. 당무위원이 대의원을, 대의원이 당무위원을 뽑게 되는 순환 논리. 결국, 기득권 옹호가 되는 것. 당무위원회가 선임하는 대의원 700명은 당의 기득권자들인 셈이다.

16. 각 시·도당의 운영위원 〈개정 2015.2.8.〉

유재일 주: 일단 이건 패스.

17. 각 시·도당상무위원회가 추천하는 5명

유재일 주: 시도당 상무위원회는 시도 당위원장이 실질적으로 구성하고 있음. 시도 당위원장들은 당무위원. 결국, 이것도 순환 논리. 당의 기득권. 조직 정치가들의 몫.

18. 중앙당의 사무직당직자인사위원회가 정한 시·도당 법정 유급사무원

유재일 주: 민주당 정직원들이란 말씀. 이것 또한 기존 조직의 몫.

19. 각 지역위원회가 선출하여 추천하는 대의원. 이 경우 선출대의원의 총 규모는 당무위원회의 의결로 정하고 다음과 같이 배분한다. 가. 총 규모의 100분의 80은 지역구국회의원 선거구 수에 균등하게 배분한다. 나. 총 규모의 100분의 20은 지역구국회의원 선거구별 당원 수 및 최근 실시한 전국 규모 선거의 정당득표율에 비례하여 배분하되, 그 비율은 당무위원회의 의결로 정한다. 다. 총 규모와 별도로 지역구국회의원 선거구별로

인구 100,000명을 기준으로 초과 10,000명당 1명씩 추가 배정

유재일 주: 이게 당원들에게 열려 있을까? 아니면 당협위원장이 골라서 임명할까? 지역구마다 다를 것이다. 여러분들의 지역구는 어떤가? 여러분이 추천하는가? 국회의원이 알아서 지명하는가?

20. 당 소속 국회의원이 추천하는 보좌진 2명

유재일 주: 120명의 국회의원이 240명을 지명. 국회의원들이 시도 당위원장, 당협위원장을 겸직하고 있는 현실을 생각하면 이것 또한 닫힌 구조.

21. 재외국민으로서 세계한인민주회의가 추천하는 300명 이하의 대의원

유재일 주: 박지원 의원이 민주당에 남겨놓은 유산. 동교동계가 꽉 잡고 있던 조직.

22. 전국직능대표자회의가 추천하는 300명 이하의 대의원 〈개정 2015.2.8.〉

유재일 주: 전국직능대표자회의는 어떻게 누가 구성했을까? 결국, 이것 또한 정치 엘리트들의 카르텔.

23. 대학생 당원으로서 전국대학생위원회가 추천하는 200명 이하의 대의원

유재일 주: 대학교별 민주당 학생위원회가 있어서 자발적으로 선출할까?

아니면 지역구별로 알아서 관리하며 대의원을 지명할까? 현실은 지역별로 하고 있음.

24. 정책당원이 소속된 기관 또는 단체가 추천하는 정책대의원. 이 경우 정책대의원의 수는 전국대의원대회 총 규모의 100분의 30을 초과할 수 없으며, 노동 등 하나의 부문이 전국대의원대회 총 규모의 100분의 15를 초과할 수 없다. ③제2항 제19호의 대의원 임기는 다음 정기대의원대회 대의원명부 확정 시까지로 한다. 다만, 당헌·당규에 다른 규정이 있는 때에는 그러하지 아니하다. ④제2항 제19호의 대의원에는 여성당원이 100분의 50 이상 포함되어야 하며, 청년당원이 100분의 30 이상 포함되도록 노력한다.

유재일 주: 여성주의 만세.

⑤제2항 제19호의 대의원은 당규로 정한 권리당원 중에서 선출하여 추천하여야 한다. 〈개정 2016.7.18.〉 ⑥제2항 제22호부터 제24호까지의 대의원은 전국대의원대회 개최일 전 3개월까지 입당한 권리당원 10명 이상당 1명씩 배정하되, 지역, 직능, 부문 또는 학교별로 균형 있게 배분한다. ⑦전국대의원대회는 의장 1명과 부의장 2명을 둔다. ⑧전국대의원대회 의장은 전국대의원회대회에서 선출하되, 기타 필요한 사항은 당규로 정한다.

어렵고 따분하지만, 정치의 실체를 이해하려면 이 정도는 살펴봐야 한다. 이 무료함을 달래기 위해 다소 깐족거리는 투로 각주를 달았다.

자, 이쯤에서 한마디. 권리당원이 80만이건 100만이건 신규 권리당원이 기득권을 돌파해서 과반 의결을 대의원대회에서 관철할 확률은? 없음.

나는 정의당에서 참여계는 돈 빵 몸 빵만 한다고 치를 떨었다. 민주당이라고 다를 것 같은가? 다르지 않다. 권리당원이 당의 주인이란 말은 위선이다.

재벌이 순환출자를 통해 소수 지분으로 지배권을 장악하듯 민주당도 순환 논리로 기득권이 철저히 옹호되는 기반을 갖추고 있다. 이 기득권에 안주하면 김대중의 동교동이 고인 물이 되어 썩었듯이 친노 친문이 그렇게 되지 않으리란 법이 없다.

그럼 당의 주인, 그러니까 지금껏 지역 정치조직의 주인은 누구였는가? 바로 토건족, 지역 토호들이었다. 이건 민주당만의 문제가 아니다. 자유한국당, 국민의당이 공유하는 문제다. 한국정당 자체의 문제인 것이다.

시야를 돌리자. 기성정당은 대중을 외면한 정치를 할 수밖에 없는 물적 토대를 깔고 있었다. 기성정당, 토건족, 건설사 광고 없으면 굶어 죽는 조중동. 거기에 각종 기성 정치 엘리트 조직과 얽힌 한경오.

심지어 팟캐스트들도 여기서 자유롭지 않다. 조직적으로 다 얽히고 설킨 것이다. 대중이 엘리트 정치와 정면충돌하여 기존 정치조직을 넘어설 수 있을까?

내가 민주당에 복귀한 이유는 지금 민주당에 이걸 고치려고 하는 사람들과 이걸 요구할 당원들이 있기 때문이다. 한국의 정당 역사에서 3김 정치 이후에 이런 정당 구조를 들이받은 세력이 누구인가? 그런 사람이 있었는가?

바로 노무현과 유시민이었다. 친노는 다시 한번 강조하지만, 부패한 한국 정치를 딛고 새로운 대중정당, 투명한 정당, 국민을 섬기는 정당을 만들기 위한 대중노선이다.

엘리트 정치인들의 전유물이 된 정치를 국민에게 돌려주기 위한 정치 노선이 친노 대중노선이다. 그럼 그 친노 대중노선이 성공했다고 보는가? 아니다. 지금까지 참담하게 실패해 왔다. 지금도 대통령 문재인만 만들었지 처참히 좌절 중이다.

이제 권리당원들이 민주당에 요구해야 한다. 정치 공학 엘리트들로부터 정치를 구해낼 것을 요구해야 한다. 괴물과 싸우다 적대적 공존을 해 버린 선민의식에 찌든 혁명가들 조직가들로부터 정치를 돌려받아야 한다.

유시민은 실책과 실패를 거듭하다 은퇴해 버렸다. 노무현은 이 거대한 적들과 싸우다 산화했다. 문재인은 대통령 자리에 올랐으나 엘리트 정치인들에게 둘러싸여 있다. 다시 꽝 부딪힐 친노의 차세대 주자는 없는가? 김경수? 조국? 최재성?

사리면 대선주자로 바로 설 수 없을 것이다. 다음 당 대표 선거를 즈음해서 친노 대중노선을 분명히 하고 궐기하는 사람이 바로 차기 주자로 튀어 오를 사람이다. 민주당 흑역사의 핵심 코어를 찌를 용기 있는 정치인을 시대는 요구하고 있다.

2

정당의 하부조직을 장악한 토건족

A : 형님, 한반도 대운하인가 저거 돈 되는 거유?

B : 30조짜리다.

A : 허이쿠, 크기도 혀라. 형님 뭐라도 물면 우리 써줘야 하는 거 알제?

B : 그럼, 내가 정치하는 동안 자네 서운하게 할 일 있겠나?

A : 크, 우리 형님 멋져부러.

도(都)별 사투리를 뒤섞은 우스개다. 경상도건, 전라도건, 충청도건 이런 대화들을 한다는 거다. 새만금을 기필코 관철하고, 고추를 말릴지언정 일단 지역에 공항은 지어야 하고, 한 번 하는 올림픽·아시안 게임을 위해 스타디움을 일회용으로 짓는 몰상식. 강바닥에 수십 조를 처박고, 산등성이를 만 원짜리로 도배하고도 남을 돈을 들여 스키장을 만들고, 바닷물에 22조를 녹여 땅을 만들고 그 위에 할 사업이 없어서 카지노판을 벌이려는 클래스*. 그게 토목 공화국, 한국의 수준이다.

* 새만금 사업을 언급한 것임

만약에 반대라도 한다? 지금 너희 강원도 무시하냐? 우리가 얼마나 없이 살았는데 우리 지역 개발 좀 하겠다는데 서울놈들이 반대하느냐! 환경운동 한 정치인은 다를 것이다? 천만에 지역구 민원이면 포클레인이 숲을 뭉개도 입 닥쳐야 하는 것을.

김 의원, 지금 저 사업에 20조를 쓰고 나면 청년 실업 문제 예산은 어찌 되는 거야? 아 그니까 그게… 아몰랑. 우리 지역구 쪽지 예산 타내기도 버거워.

국가적 아젠다(의제)의 몰락. 가용 예산을 지역 토건 개발 사업이 흡입하는 대한민국. 도대체 왜 이런 일이 발생하는가? 바로 소선거구제 때문이다. 그것도 정치참여율이 저조한 소선거구제. 지역감정의 볼모가 되고 지역의 스피커들이 판을 장악하는 소선거구제.

A : 누가 괜찮어?

B : 갸, 저놈이 괜찮어. 누구 동생에 우리 동네 명문 고등학교 졸업하고 서울대 나온 아여.

A : 그려, 그럼 찍어줘야겠네. 울 동네 사람 우리가 힘 좀 보태줘야지.

조기축구회로 대표되는 체육 단체, 향우회, 동창회, 각종 유관단체장은 저마다 일정 정도의 유권자를 거느리고 있다며 후보자에게 접근한다. 후보자가 그들을 괄시한다? "저 새끼가 날 무시해? 두고 보자." 그런 식으로 심보 뒤틀린 지역 유지들이 퍼 나르는 마타도어를 버틸 수 있는 정치인이 몇이나 있을 것 같은가?

SNS의 힘? 대통령 선거는 몰라도 국회의원 선거, 지역 선거로 가면 SNS가 힘을 발휘할 수 있을까? 당신 페이스북 친구와 팔로워 중에 당신 지역 사람들의 모임이 따로 있는가? 소선거구제에서 국회의원 선거와 지방 선거 때 힘을 발휘할 수 있겠는가? 단연코 없다. 아직도 여전히 지역 선거는 지역 조직 힘이 막강하다.

문제는 그들이 정치적으로 참여하며 보상을 원한다는 점이다. 사업의 편익을 봐주지 않으면 그들은 협조하지 않는다. 절대로 지역 정치조직원들은 순박한 사람들이 아니다. 그렇다고 그들이 기술력이 출중한 사람들이겠는가? 로비스트가 기술자를 고용해서 하는 사업. 전국 어디에서나 할 수 있는 사업이 있으니 바로 건설업이다.

건설사 사장이 건축사인 걸 본 적 있는가? 건설사 사장은 로비스트가 하는 게 우리나라 현실이다. 전국 어디에서나 사업할 수 있고 대관업무가 중요하며, 로비만 되면 기술자를 구하기는 어렵지 않은 구조. 바로 이런 한국적 특징이 토건족을 강력한 정치세력으로 만들었다. 보수신문을 펼쳐 보라. 도대체 부동산 광고가 몇 개인지 확인해보시라. 이들이 적폐의 코어 중 코어다.

검사는 이들과 또 어떤 관계일까? 지방으로 발령 난 검사가 지방 건설업자가 영업하는 룸살롱에서 접대받은 일화는 MBC PD수첩 〈검사와 스폰서〉 편을 통해 소개된 적이 있다.

이 일화가 특수한 경우였을까? 이번 최순실 게이트 와중에 어떤 부장검사님은 스폰서가 얻어 준 월세 300만 원짜리 오피스텔에 룸살롱 에이스인 애인을 거주시킨 일이 적발됐다. 아, 스폰서가 아니라 친구라고 주장하는데 친구가 스폰서가 된 건지 스폰서가 친구가 된 건지는 그들만이 알 일이다.

초임검사 우병우가 지방으로 내려가 지역 유지를 수사하다가 좌천된 이야기도 널리 회자한다. 우병우가 검사의 한계를 느끼고 권력과 닿아있는 토호는 건드리지 말아야 한다는 깨달음을 얻었다는 일화. 그게 토호세력과 검사의 관계다. 검사가 대접은 받지만, 토건족이 그들보다 약하다고 말할 수는 없을 것 같다.

토건족은 지역 정치인, 검사와 공생 관계를 형성한다. 그들은 정치 하부조직의 대의원들을 확보하고 지역 정치조직을 다지며 자신들의 철옹성을 공고히 한다.

토건의 매력 요소 중 하나는 거래명세서를 조작하기 쉽다는 점이다. 철근 양을 확인한다고 건물을 부술 수 있나? 요새야 그런 기본 자재를 빼지는 않는다고 해도 품은 제대로 계산하는가? 열 명이 열흘을 일했는지 여덟이 열흘을 일했는지 훗날 확인할 길이 없다. 오랜 세월 축적된 탈법의 꼼꼼한 노하우는 우리의 감시망을 지금껏 빠져나오고 있다. 우리는 이 분야 최고의 전문가를 대통령으로 뽑아봐서 안다. 그분은 얼마나 해 먹기가 쉬웠겠는가?

토건족은 모든 분야를 종횡무진 관통한다. 국방부의 내무반 개선 사업도 결국은 토건 사업이다. 과학계는 과학연구비를 타면 프로젝트 진행 이전에 건물 착공을 먼저 한다. 각종 프로젝트가 추진될 때마다 무슨 건물들을 이다지도 많이 짓는 걸까?

옆에 좋은 건물이 매물로 나와도 더 비싸게 그 옆 건물보다 못한 건물을 짓는 건 무슨 이유 때문일까? 해양 경찰청은 왜 골프장을 건설했을까? 여러 분야에서 과도하게 건물에 집착하는 건 건물이 필요했기 때문일까 아니면 빼먹을 무언가가 필요했기 때문일까?

쪽지 예산을 못 타온 국회의원을 지역 토건족은 그냥 무능한 사람이라고 규정짓는다. 쪽지 예산을 확보하지 못하면 국회의원의 지역 평판은 떨어지고 재선 확률은 내려간다. 예산 편성이 이리도 왜곡되는 게 정상이라고 할 수 있을까?

토건족이 로비스트로 맹활약하는 대한민국의 정치와 지역 정치조직은 건전할 수 없다. 시민들이 후원과 감시를 넘어 직접 예산 편성에 참여하고 투명한 행정 시스템을 구축하지 않는 한 이 이해관계 구조가 지역 정치를 장악하는 구조는 변하지 않을 것이다.

안타깝게도 시민의 정치참여는 아직 무르익지 않았고 그 시민의 정치참여를 막고 있는 정당의 대의원 구조는 여전하다. 정당의 대의원 제도의 폐쇄성은 결국 토건족의 보호와 연결된다는 걸 명심해야 한다.

3

분열로 망하는 진보, 밑바닥에 팽배한 기회주의

엉덩이가 가벼운 자, 진득하지 못한 자, 조바심을 내고 오늘만 사는 자. 역사적 사명 따위는 망각하고, 자기 자신의 욕망에 눈먼 자. 혁명이니, 민주주의니 하는 대의명분은 망각하고 자신의 출세와 부만을 쫓는 자들. 그들을 기회주의자라고 한다. 기회주의 정치인들은 특별히 철새 또는 박쥐로도 불린다. 다음은 신영복 선생의 말이다.

> **민주화 투쟁이 열어놓은 공간이 분명히 있었거든요. 여러 사회운동 단체들이 약간씩 차이가 있는데 거기서 많은 정파들이 기회주의적인 모습을 보이더라고요. '무주공산에 자기네가 먼저 깃발 꽂으면 선점할 수 있겠다' 하는 대단히 기회주의적인 사고로….**
>
> **막강한 보수구조에 참담하게 패배했죠. 그래 놓고 패배를 합리화하는 데**

난 아주 경악했어요. '아직은 시기상조다' 하면서. 합의해서 역량을 모을 생각은 하지 않았으면서, 자기들의 기회주의에 대한 통렬한 반성 대신, '아직은 시기가 아니다'라니… 이딴 얘기가 어딨어? 근데 그걸 또 비슷한 사람들이 쉽게 동의를 하네. '아, 얘들 안 되겠구나' 하는 생각을 제가 일찌감치 했어요."(신영복 교수 녹취록 다시 보니, 한겨레신문 2016.1.22.)

87년의 패배는 김영삼, 김대중의 분열로 진 거다. 2002년을 복기해보자. 노무현을 흔들며 정몽준으로 단일화를 시도하는 세력이 있었다. 자당 후보를 흔들며 자신들의 이익을 계산한 자들. 2007년은 손학규, 정동영의 참혹한 경선 속에서 뚜렷이 친노를 배제한 그들이 있었고 2012년엔 안철수를 중심으로 한 흔들기가 있었다.

진보는 대의명분을 그렇게 내세우면서도 항상 기회주의적 행동을 한다. 정치 공학이란 핑계로 자행된 참담한 행동들. '먹고살아야지' 하며 소박함과는 거리가 먼 엘리트의 삶을 추구하며 대중 위에 군림하려는 자들.

노무현의 시대정신은 기회주의 배격이다. 원칙과 소신에 따라 망국적 지역주의에 따르지 않고 권위주의와 보스 정치에 종속되지 않으며 시민의 깨어남을 믿고 가는 정치. 그 노무현을 위해 '진달래꽃'

을 재해석해 바친다. 진달래꽃은 소월이 변절한 선배에게 써준 시라고 나는 생각한다.

나 보기가 역겨워

가실 때는

말없이 고이 보내 드리우리다

선배는 세상에 적응하며 잘살고 있구나. 난 아직 세상이 더러워서 적응을 못 하겠어. 유학도 다녀온 놈이 취직도 못 하고 비실거리니 어쩌겠어. 선배는 동양척식에 다니는 멋진 회사원이고 난 빈대떡 신사고 그러네. 내 꼴 보기 싫지? 창피하지? 그냥 선배는 가던 길 가.

영변에 약산

진달래꽃

아름 따다 가실 길에 뿌리우리다

가시는 걸음걸음

놓인 그 꽃을

사뿐히 즈려 밟고 가시옵소서

근데 선배, 우리가 뛰어놀던 고향 생각나? 오산학교가 있던 그 정주 말이야. 우리 3.1운동도 했었고, 남강 이승훈 선생부터 다들 감옥

갔잖아. 남강 이승훈 선생이 겨울이면 정으로 우리가 싼 똥까지 부숴가며 화장실 청소를 했던 거 기억나지? 선생님은 우리를 자기의 예수님들이라고 했잖아. 예수님들한테 해줄 수 있는 게 이거밖에 없다고.

조선 팔도 최대 갑부 중에 한 분인 양반이 자기 돈 털어 학교 세운 것도 모자라 화장실 청소를 했잖아. 배운 게 없어 가르칠 수 없으니 그거라도 하겠다고. 이 땅의 순교자들, 선생님들이 그렇게 잡혀가고 학교가 불타고 그랬잖아. 우리 울분에 차서 일본놈들하고 절대 공존할 수 없다고 했었잖아. 근데 형은 지금이 일본 천하고 그 안에서 우리가 부역하는 게 당연하다고 얘기하네? 그래 내가 바보야. 우리의 순수를 기억하는 내가 바보. 그냥 형은 형의 길을 가. 우리가 어릴 적 꿈꾸었던 순수, 그 순수의 꽃을 사뿐히 즈려 밟고 가라고.

나 보기가 역겨워

가실 때는

죽어도 아니 눈물 흘리우리다

그래, 난 세상에 적응 못 한 낙오자고 모지리야. 형은 쭉쭉 잘나가는 인테리 지식인이고. 나 보기가 창피할 거야. 모지리겠지. 그리고 속 깊은 곳에서 구토가 올라올 거야. 나를 향해 토를 하고 침을 뱉어야 형은 살아갈 수 있을 거야. 내게 토악질을 해. 나를 역겨워해. 형이 그래도 난 눈물 한 방울 안 흘릴게. 잘 살아, 형.

4

말하기조차 부끄러운 종북세력의 실체

종북은 있는가? 결론부터 말하겠다. 종북은 있다. 매우 슬프게도 종북은 있다. 그리고 이 종북이 한국 정치에 얼마나 치명적인 난제인가를 논하기 위해 나는 대한민국의 해방 전후사 얘기를 아주 간략히 정리하고자 한다.

친일파들이 대한민국 정부를 장악한 건 분명한 사실이다. 이 사실에 논쟁하자고 대들면 곤란하다. 대한민국 임시정부의 우파 대표 김구를 암살하고, 좌파 대표 김원봉을 친일경찰 노덕술이 고문하게 시킨 건 이승만 세력이다. 친일파가 친미파로 변신하고 대한민국의 행정·사법·입법권에 경찰력, 군부, 그리고 무엇보다 적산 불하 과정을 통해 금권까지 장악한 것 또한 사실이다. 미 군정은 친일파를 군정파트너로 삼았고 철수하면서도 친일파가 이 땅의 모든 권력과 이권을 장악하도록 눈 감고 감싸줬다.

이 역사적 비극에 적극적으로 맞선 사람들이 바로 파르티잔, 빨치산들이었다. 북으로 넘어가지 못하고 지리산으로 숨어 들어간 이들 이야기는 태백산맥, 남부군 등으로 세상에 알려졌다.

한국전쟁은 휴전으로 끝났다. 그 휴전 협정은 급하게 맺어지며 훗날 정치에 크나큰 갈등의 소재가 되는 두 가지 오류를 범한다.

❶ 포로 송환을 제대로 하지 못했다.

❷ 서해상의 군사분계선(NLL)을 확정하지 못했다.

NLL 이야기는 다음에 하기로 하자. 포로 송환을 제대로 하지 못한 이유는 여러 가지가 있지만 가장 큰 원인은 북한군 포로 중에서 남쪽에 남고자 하는 사람, 그리고 국군 포로 중에서 북한에 남고자 하는 사람이 있었다는 데 있다.

남과 북이 개개인의 의견을 존중하는 간단한 방법을 채택하지 않고 서로 버티다가 포로 송환 협상은 파국을 맞았다. 결국, 휴전 협정 체결에 반대한 이승만은 반공포로를 석방하고 대한민국 사회에 편입시켰다. 이에 포로 교환에 관한 협의는 중단되고 포로 송환은 미제로 남긴 채 휴전 협정이 체결됐다. 인민군 포로와 국군 포로 상당수가 대한민국과 북한에 억류되고 만 채로.

이 포로 송환 실패가 한국 정치사에 어떤 상흔을 남겼을까?

인민군과 빨치산 중 전향을 거부한 사람들은 결국 죄수가 됐다. 전향서 한 장을 쓰면 석방하고 대한민국 시민으로 살게 해주겠다는 제안을 거부한 사람들, 비전향 장기수.

비전향 장기수 중 상당수가 옥사했다. 그중 40년을 버틴 이인모 노인은 결국 1993년 김영삼 정부가 들어선 후 본인의 의지에 따라 북송된다. 이념적인 이유로 포로 송환이 되어야 할 사람을 40년간 감금하고 있었던 것이다.

1994년 국군포로 조창호 중위는 북한을 탈출해 귀순했다. 이인모와 조창호, 당연한 포로 교환의 당사자였던 이 두 사람을 북한과 대한민국은 그 긴 세월 동안 감금했다. 이러한 남북의 행위는 인도적 포로 교환을 명시한 국제규범 위반이다.

자, 이제 전향서를 쓴 사람들에 시선을 돌려보자. 전향서를 쓴 사람 중 모두가 대한민국에 온전히 귀순했을까? 아니면 혁명전사로서의 정체성을 지키며 살았을까?

일부는 빨갱이 소리 들으며 소시민으로 살았고, 또 일부는 혁명전사로서의 정체성을 지키며 살았다. 박정희의 폭압적 시대에는 대중이 그들 삶을 알지 못했다. 반공 국가 대한민국에서 그들이 숨 쉴 틈은 없었다.

전두환이 광주에서 학살을 자행한 이후, 모든 것은 변했다. 대학생들은 해방 전후사 공부를 하며 광주에서 자행된 학살에 앞서 발생한 학살들을 알았다. 제주 4.3, 보도연맹, 여순반란사건, 서북청년단 등등…

해방 전후사 학습의 결과 빨치산, 빨갱이를 보는 인식의 대전환이 일어난다. 학생들은 빨치산을 혁명전사로 재인식하고 그 혁명전사들이 전향서를 쓴 후 이 사회에서 숨죽이며 살고 있다는 것을 알게 됐다.

한국전쟁 당시 10대 후반이던 빨치산들은 80년대에 이미 50대에서 60대였다. 그중 일부는 북한과 연결된 지하조직을 유지하고 있었으며 80년대 전두환의 광주학살 이후에 대학생들과 밀접한 유대관계를 형성했다.

일명 민족해방노선 NL은 파르티잔들을 고문과 원로로 삼았다. 특히 그 내부에서도 북한의 수령 김일성을 지도자로 인정하고 그 지령에 따라 혁명 전선을 구축하려는 세력, 이름하여 주체사상파, 주사파는 그렇게 80년대 학생운동권의 핵심 세력으로 성장했다.

전향서를 쓴 빨치산들, 일명 혁명전사들이 대한민국에서 자리를 튼 핵심적인 곳이 광주대단지 사건*이 발생한 성남의 수정구, 중원구 일대였다. 이들은 빨치산 공동체를 도시 철거민과 빈민들 사이에 구축했다. 철저히 점조직화돼 있던 그들의 실체는 베일에 가려져 있었다.

* 광주대단지 사건은 지금의 성남시 수정구 중원구 일대에 철거민들을 대량 이주시키며 발생한 사건이다. 수도, 화장실, 교통 등 기반시설이 준비조차 되지 않은 채 사람들을 이주시킴에 따라 기본 생활을 영위하지 못하게 된 주민들이 폭동을 일으켰다.

이 성남연합은 훗날 학생운동 조직으로 자신들의 세력을 확산하기 위해 성남에서 가까운 한국외국어대학교의 용인 캠퍼스를 거점으로 삼았다. 내가 학교 다닐 때 외대 용인 캠퍼스의 주소지 명을 따 이 조직은 왕산조직이라 불렸고, 훗날 전국연합 형성 시기 이후 지금까지 불리는 그들의 칭호가 바로 경기동부연합이다.

재학 시절 그들은 스스로 빨치산의 후예라 자처했다. 남조선 해방을 위한 수령님의 지령이 떨어지는 남한 혁명조직의 중추. 그게 바로 경기동부연합이다. 언제나 점조직으로 구성돼 있고 실세는 베일에 싸인 조직.

전국 주사파 학생조직에 빨치산 혁명전사들을 원로로 파견 보내던 대한민국 주사파의 본령이 바로 경기동부연합이었다. 활동가들은 주로 외대 용인 출신들이었지만, 실제 지배자는 언제나 빨치산 출신의 혁명전사들이었다고 나는 추정한다.

다른 주사조직과 경기동부의 결정적 차이는 학생조직 이전에 전향장기수 빈민 조직이었다는 점이다. 이들이 애초부터 주사파 내 최대 세력인 건 아니었다.

87년 이후 운동권이 쇠락하며 지역별로 흩어져 있던 주사파조직이 통합되는 과정에서 '강철서신' 김영환을 필두로 한 서울대 NL 주사파와 용인 외대 파르티잔의 후예들과의 관계가 원만한 것은 아니었다. 당연히 학벌의식이 개입될 수밖에 없었다고 본다.

5

주사파가 만든 정치판의 진흙탕 싸움

시대 흐름에 따라 학생운동권은 하나둘씩 주사파 노선과는 선을 그으며 떠나갔다. 미국을 적대시하며 미 문화원 방화를 주도했던 사람들(정청래, 김민석, 임종석 등)마저 하나둘씩 정치권에 입문하며 과거 학생운동권 시절의 노선과 결별했다.

그런데도 끝까지 북한을 한반도 해방의 기지로 여기며 수령의 영도를 기다리는 자들이 있었으니 그들이 통진당 주류다. 쇠락하는 주사파 내부에선 앞으로의 노선과 주도권을 둘러싼 투쟁이 격화되어만 갔다.

일명 명문대 주사파와 경기동부 주사파의 격돌은 경기동부 그룹의 승리로 끝났다. 경기동부는 보급투쟁 조직을 잘 갖춘 조직이었다*. 다른 조직들이 학

* 통진당 특별 당비를 10억은 거뜬히 낼 수 있는 조직이었다.

생조직으로 출발한 데 비해 빈민 파르티잔들의 조직인 것도 큰 역할을 했다. 외대 용인 출신들이 NL의 주도권을 장악할 즈음 김영환을 리더로 한 스카이 주사그룹은 주사파로부터 이탈한다. 그들의 변신은 호화찬란했다.

김영환은 잠수함을 타고 북한에 다녀왔단 이야기를 세상에 공공연히 하기 시작했다. 자신들은 직접 북한을 보고 환멸을 느꼈다는 것이 그들 주장이었다. TV조선을 위시한 종편, 조중동은 그들의 신분 세탁을 도왔다. 그렇게 그들은 주사파에서 북한 인권 활동가로 변신했다.

경기동부연합과 결별한 그들 세력과 조직은 반북주의자로 환골탈태, 그렇게 극과 극은 통하며 그들은 극우 그룹을 형성한다. 그들의 정치단체 이름이 바로 뉴라이트. 안병직을 필두로 한 지식인들의 급격한 변신과 극우화도 그들을 엄호했다.

* 정신대대책협의회

정대협* 안에서의 주도권(헤게모니) 다툼에서 축출된 안병직과 이영훈, 주사파 내부의 투쟁에서 축출된 김영환이 만나 뉴라이트를 만든 것이다. 진보의 헤게모니 다툼에서 패배한 자들은 우경화되어갔다. 진보에 대한 혐오의 감정을 가진 채.

종교인, 지식인, 그리고 직능 조직까지 두루 포섭하며 만든 뉴라이트전국연합은 자신들의 정치적 야망을 위해 조직이 미약한 정치인과 손을 잡는데 그 사람이 바로 이명박이었다.

요약해보자. 주사파는 빨치산 혁명전사들이 손을 들어 준 경기동부연합과 새누리당 쪽에 합류한 뉴라이트로 분화했다. 극과 극이 통하는 아이러니라 할 수 있다.

이 분화 과정에서 살펴봐야 할 중요한 포인트가 하나 있다. 그것이 바로 '군자산의 약속'이다. 학생운동권 지도부 386 세력이 정치권으로 합류한 이후에 재야운동권에서는 백가쟁명식 토론이 벌어진다. 앞으로 어떻게 해야 할 것인가? 그 논쟁의 핵심에 그람시의 '시민사회론'이 있었다.

지금은 혁명의 시기가 아니니 그때가 올 때까지 진지를 구축해야 한다는 시민사회 운동 노선과 언제나 혁명이 옳다고 주장하는 정통론자들의 대립. 마침내 경실련과 참여연대가 확고한 자리를 잡으며 혁명 노선을 주장하는 단체들의 위상은 갈수록 추락해갔다.

제도권 정치에 합류할 타이밍을 놓치고 혁명만을 주장하다 시민사회단체와 진보 정당의 성립을 지켜볼 수밖에 없었던 NL 주류세력들은 민노총, 민주노동당, 시민사회단체를 접수하기 위해 본격적인 참여를 결의한다. 그것이 2001년 9월 23일, 충북 괴산군 군자산 보람수련원에서 맺어진 군자산의 약속이다. 9월 테제라고도 한다. 고타강령비판이니 10월 테제니 하는 운동권들의 공산주의 혁명사 학습의 궤적을 따라가는 용어선택이고 행동이다. '정파로 조직을 장악한다.' 이것이 그들의 혁명 전술의 근간이다.

NL 세력들은 자신들의 분열상을 끝내고 하나로 뭉쳐 정치세력화하기로 마음먹는다. 주사파 NL과 비(非)주사파 NL이 손을 잡기로 한 것이다. 아이러니는 이런 통합 과정에서 최대 세력이던 인천연합이 비주사노선을 천명함에 따라 조직 이탈의 내홍을 겪게 되고 오히려 주사노선의 선명성을 강조하던 경기동부가 패권세력이 돼 갔다는 점이다.

인천연합, 경기동부연합, 울산연합, 광주전라연합. 각 조직 지파들은 하나로 뭉쳐 전국연합을 이루었고 그들은 민주노동당, 민주노총, 전교조 등의 조직에 침투해 그 조직들을 장악하기로 한다.

결국, 전국연합은 민주노동당에 침투해 주도세력이 된다. 그들은 이미 들어와 있던 PD 세력인 노회찬, 심상정과 공존하며 2004년 총선에서 원내에 10석의 세력이 됐다. 80년대 혁명 노선의 이견을 두고 각목전을 불사하던 NL과 PD의 연합전선은 핑크빛 미래를 연 듯 보였다.

이들은 자신들이 민주화 세력의 적통이고 기존 정치세력은 민중기만적이라고 봤다. 자신들이 원내 1당이 되는 것은 시간문제라고 믿었다. 그들은 3년 후 원내 입성을 달성했으니 10년 차엔 집권하리란 계획이 성공적으로 진행되고 있다고 판단했다. 문제는 그들이 곧 소멸하리라고 본 위선적 부르주아 정치세력이 바로 열린우리당이었다는 점이다.

'노무현을 제치자.'

노무현이 차지하고 있는 저 자리는 원래 자신들 것이었어야 마땅하다고 민주노동당 구성원들은 생각했다. 노무현 정권과 열린우리당을 몰락시키고 그 자리를 자신들이 차지하자. 그것이 그들의 전략 전술이었다. 그 최전선에 서 있던 민주노동당 저격수가 바로 노회찬이다.

학생운동권이 주류인 진보 언론, 민주노총, 전교조 등도 합세한 노무현 정권 때리기는 진보세력의 그러한 전술적 판단에 근거한 것이다. 그들은 대중이 노무현을 좋아하는 것을 비이성적 행위로 파악했고, 대중들이 자신들을 지지하는 것이 이성적인 행위라고 믿었다.

학교 다닐 때부터 스스로 혁명전사라 생각하고 살아온 사람들, 일반 학우들과 자신들은 다른 사람들이라고 믿고 산 사람들이 바로 재야운동권이다. 고매한 희생정신으로 가난한 삶을 살며 일반 시민을 계몽하려 하고, 정당에서 완장을 차고 간부가 된 운동권 엘리트. 그게 그들의 정체성이다.

그러나 그들의 노무현을 향한 이런 태도는 완전한 오류였다. 노무현과 열린우리당의 몰락은 곧바로 그들의 몰락으로 이어졌다. 2007년 대선 실패를 자아 성찰하며 터져 나온 민주노동당의 내분은 파국으로 이어졌다. NL과 PD의 동거는 여기서 끝나고 만다. 노회찬과 심상정은 민주노동당을 탈당해 진보신당을 창당한다.

2008년 총선은 민주노동당과 진보신당 모두에 궤멸적 결과를 안겼다. 특히 진보신당은 원외 정당으로 몰락해 심상정, 노회찬은 낙선하고 정치생명은 풍전등화가 되고 만다.

2012년 총선을 앞두고 진보세력의 앞날이 밝은 것은 아니었다. 분열이 얼마나 파괴적인 결과를 낳는지를 직접 체험한 NL과 PD는 통합의 명분과 그림을 저마다 그리고 있었다. 그 와중에 2012년 총선에서 답이 없던 두 세력에게 손을 내민 세력이 유시민의 국민참여당이었던 것이다.

이후 행보는 앞에서 간추린 바다. 죽어가던 진보세력은 유시민을 지렛대로 자기세력 확장을 도모한다. 민주당 탈당을 만류하던 친노 좌장들의 손을 뿌리치고 나온 유시민은 천호선, 권태홍이 주도하던 국민참여당에 간판으로 영입되고, 이후 김해 보궐선거와 경기도지사 선거에서의 연패로 유시민에 대한 민주당의 회의론과 반감은 최고치를 찍는다.

당시 야권 대선 후보 지지율 1위였던 유시민은 손학규, 정동영 등과 같은 정당 활동을 할 처지는 아니었다. 결국, 유시민과 국민참여당은 진보와 손을 잡기로 한다. 그 과정에서 유시민 세력 중 상당수가 그 합류를 거부하고 소수는 민주당으로 귀환하고 다수가 무당층 시민세력으로 남는다.

유시민을 믿고 따르는 친노 그룹은 마침내 유시민과 함께 통합진보당 일원이 됐다. 문제는 이때의 민주노동당이 2004년의 민주노동당과는 또 달라서 경기동부의 주도권이 더더욱 견고화한 상태였고, 그들의 조직 규모는 유시민을 따라온 참여계로 감당할 수 있는 수준이 아니었다는 점이다. 통진당 당권과 주도권은 경기동부가 장악할 수밖에 없고 유시민은 그들의 어떤 자들인가를 제대로 파악하지 못했다.

그렇게 형성된 정당이 통합진보당. 이 말도 안 되는 조합은 총선에서 13석의 진보 정당 최대 성과를 내지만 곧이어 경선 부정이 발각되고, 유시민은 당 비례대표 선거에서 득표 1위를 한 이석기를 본 적이 없다고 말했다. 통진당 내의 선거는 점조직 선거였고 비선 선거였으며 불투명 선거고 위법선거였다.

이 파열음은 결국 검찰 수사로 이어졌으나 그 과정은 더더욱 파멸적이었다. 유시민의 참여계 또한 위장전입 등 비례대표 선거를 위한 조직적 조작에 참여했다는 게 밝혀진 것이다. 결국, 모두가 똥통에 들어가게 된 상황.

비례대표 선거 승자도 패자도 규모의 차이일 뿐 모두 부정하게 선거를 치렀다는 사실이 세상에 알려진 상황에서 수습책들이 나오기 시작한다. 이석기, 김재연 제명을 수습책으로 들고 나왔으나 부결되고 만다. 경기동부가 당권을 내려놓고 2선으로 물러나기로 한 약속은 실행단계에서 결국 폭행 사건을 불러일으켰다.

온라인으로 생중계되는 회의장에서 실시간으로 벌어진 폭력사태. 조준호도 유시민도 그날 폭력을 당하는 게 생중계됐다. 광기 어린 그날의 파국은 진보 진영에 씻을 수 없는 상처를 안긴다. 그날의 실수는 결국 통진당 분당사태로 이어지고 통진당 해산의 명분을 제공한다.

아이러니하게도 박근혜 정부의 통진당 해산을 주도했던 자들은 김기춘을 위시한 공안검사들과 한때는 김기춘, 정형근의 수사대상이었던 이명박과 함께 보수에 합류한 구(舊) 주사파들의 연합이었다는 것. 국정교과서를 추진하는 식민지 근대화론자들이 80년대에 운동권으로부터 어떤 추앙을 받던 자들인가를 돌이켜 보자. 기회주의자들의 변신과 독기가 이와 같다. 인간으로 공감하기가 버겁다.

유시민, 노회찬, 심상정, 인천연합은 분명 주사파가 아니다. 그들은 북한의 지령과는 상관없는 사람들이다. 하지만 그들은 그 지령을 받는 조직인 경기동부연합을 과소평가했다. 유시민은 이 빨치산의 후예들에 대한 제대로 된 인식이 없었다.

지금도 많은 야권 사람들이 국정원이 모든 간첩단 사건을 조작했다고 말하고 종북은 없다고 믿는다. 여수 반잠수정 사건은 김대중 정권에서 일어났던 일이다. 김대중 정권이 공안 사건을 조작했겠나? 잠수정이 오가며 사람을 데려가고 데려오고 지령과 활동자금을 배달한 실체가 분명히 드러났는데 종북이 없다고 하면 없어지나?

전두환이라는 공적을 때려잡을 때는 주사파와 각목전을 할망정 그들을 경찰이나 안기부에 밀고할 수는 없었을지 모른다. 하지만, 지금은 2020년이 코앞인 시기이다. 이제 분명히 인식을 전환해야 한다. 더는 주사파를 옹호하다 종북좌파 소리 듣게 되는 여지를 남겨두어선 안 된다. 한국의 진보는 이제 주사노선과 선을 명확히 그어야 한다.

과거 주사의 흔적은 이제 야당도 여당도 다 공유한다. 이명박이 뉴라이트란 이름으로 이들을 끌어들인 이상 어떤 쪽도 주사파 얘기를 길게 해서 좋을 게 없는 것이다.

박근혜가 초법적, 초헌법적인 행위로 통진당을 해산시킨 행위는 분명 잘못된 행위다. 하지만, 통진당의 실체를 숨기고 쉬쉬하며 국민의 판단 오류를 불러온 진보 인사들도 명백한 오류다. 진보에서 그들을 제외하고 가자. 80년대의 화석은 80년대 지층에 머물러 있는 것이 옳다.

P.S. 88학번 선배는 학생회에서 눈 감고 졸고 있다가 선배에게 각목으로 두드려 맞았다. "NL인 우리 과에서 PD인 널 용납할 수 없다." 과방에 들어오지 말라는 메시지 전달을 위해 각목을 든 것이다. 내가 동아리 방에 있는데 목검을 들고 찾아온 친구들이 있었다.

난 경찰서에 신고할 거고 안기부에도 신고할 거라고 했다. "때리려면 때리고 뺏으려면 뺏어. 진보학생연합방 뺏으러 동아리연합회에서 각목 들

고 찾아왔다고 동네방네 떠들고 다닐 거고 조선일보에 투고도 할 거야."
미친놈 모드가 통했는지 그들은 순순히 물러났다. 그들이 물러난 후 손은 식은땀으로 흥건했다.

각목을 든 상대 정파를 상대하는 방법의 차이, 이게 88학번과 93학번의 차이다. 나와 NL의 악연은 그렇게 시작됐다. 난 PD를 향해선 "학생운동 끝났어. 고만해요, 선배들."이라고 말했던 후배고, NL을 향해선 "각목 들고 설치지 마. 그런 시대는 끝났어"를 외친 정적이었다.

운동권이 사용하는 일반 학우란 말에 염증을 느끼며 스스로 일반 학우의 정체성을 버린 적이 없다. 이러한 나의 스탠스는 나와 진보정치조직 간 트러블의 근본 이유가 되었다. 결국, 나의 운동이 신좌파 운동이라고 한다면 엘리트주의에 대한 거부, 정치에 대한 일체의 신비주의 거부가 핵심일 것이다.

박근혜, 이명박, 정의당, 통진당, 경기동부연합을 모두 비상식으로 간주하고 민주당이 상식 노선으로 가기를 바라는 견해, 그게 바로 나의 정치적 입장이다. 나는 현재 한국 정치를 좌와 우의 대립이 아닌 상식과 비상식의 대립으로 본다. 나보다 훨씬 보수적인 문재인 대통령을 지지한 배경은 이러하다.

6

기득권 프레임에 길든 언론

"한국 기자들에게 질문권을 하나 드리고 싶군요. 정말 훌륭한 개최국 역할을 해주셨으니까요"

G20 폐막 기자 회견장에서 오바마 대통령은 위와 같이 말했다. 어떤 일이 벌어졌을까? 손발이 다 오그라드는 일이 발생한다. 한국 기자가 한 명도 손을 들고 질문하지 않는 것이다. 대신 중국 기자가 손을 들고 질문했다. 오바마가 재차 한국 기자에게 기회를 주겠다고 하는데도 한국 기자는 단 한 명도 손을 들고 질문하지 않았다. 결국, 질문권은 중국 기자에게로….

탄핵당한 박근혜가 신년 간담회를 열었다. 청와대 역내 상춘재에

서다. 기자들은 녹음기와 카메라를 들고 들어오면 안 된다고 청와대 측에서 요청. 기자단은 그 요청을 받아들였다. 영상을 청와대에서 직접 찍어서 사후에 유포하겠다는 건데 그걸 받아들이다니…. 이 순응적 기자단은 또 어찌할꼬?

이 순응적 기자단에 돌발 질문을 하나 던지고 싶다. 정윤회 문건을 세계일보에서 보도한 이후에 기자들은 이 정권의 실체를 알고 있었을까, 모르고 있었을까?

최순실이 권력 서열 1위 정윤회가 2위 박근혜가 3위라고 기록된 그 문서를 다들 열람했다. 기자들은 분명 알고 있었다. 한데 어떻게 했나? 그 문서의 진위를 추적했나? 최순실이 아닌 정윤회를 추적하며 '정윤회 게이트'라고 명명했다.

정윤회, 조응천, 박관천을 취재 대상으로 삼은 언론 프레임. 이제와 보니 그 프레임은 진실을 보는 프레임이 아니었고, 취재원들도 진실을 추적하는 데 필요한 취재원들이 아니었다. 기자들은 김기춘 비서실장, 우병우 민정 비서관, 그리고 그들과 함께했으리라고 추측되는 최순실이 던져준 프레임을 문 거다.

기자들은 누군가가 던져준 프레임을 물고 그 프레임대로 여론을 형성한다. 그리고 이러한 방식이 지금도 통하고 있다. 진실을 바라보는 틀이 아닌 누군가의 이익에 종사하는 프레임. 그것이 대한민국 언론이 만들어내는 프레임의 특징이다.

표창원 의원을 둘러싼 '더러운 잠' 사건의 프레임을 한번 복기해 보자. 여성 혐오란 프레임이 설정됐다. 민주당 여성위원회, 그리고 여성 의원들도 따로 성명서를 내서 유감을 표했다. 그 프레임을 한경오가 퍼뜨렸다.

프레임을 확 뒤집어보자. 예술 작품에 관해서 작가가 아닌 갤러리 관장을 비평하는 일을 본 적 있는가? 여성 혐오라 한다 해도 '더러운 잠'을 그린 이구영 작가에게 여성 혐오라고 항의해야지 왜 작가는 쏙 빠지고 표창원 의원이 맹폭을 당해야 하는가? 이상하지 않은가?

국회 공간에서 전시한 게 문제였다? 프레임을 바꿔서 국회 공간에서 블랙리스트 예술가들이 전시회를 열었고 그들은 박근혜 누드를 통해 자신들이 당한 검열을 풍자했다는 프레임을 누군가 먼저 씌웠다면 그냥 그러려니 하지 않았을까? 블랙리스트 작가들이 당한 억울한 일과 그 복수로 풍자란 프레임이 씌워졌다면 여성 혐오란 프레임과 맞설 수 있지 않았을까? 그저 대관을 해주며 작품 검열을 하지 않은 표창원 의원이 잘못한 게 있기는 한 건가?

사건을 보는 프레임이 바뀌니 이야기가 달라진다. 정윤회 게이트는 조중동이 설정한 프레임이고 표창원 여성 혐오 논란은 한경오가 설정한 프레임이다.

위의 두 프레임은 언론 스스로 만든 것도 아니고 김기춘의 청와대와 여성계가 만들어 놓은 프레임을 언론이 확대 재생산만 했을 뿐이다.

특정한 정치집단은 프레임을 만들고 그 프레임을 언론이 확대하고 퍼뜨린다. 그리고 그 언론은 토건족과 재벌의 광고와 후원으로 먹고 산다. 이런 카르텔이 정당에는 대의원의 형식으로 연결된다. 대중은 완벽하게 소외된다. 진실로부터도.

언론은 진실을 전달하지 않는다. 프레임 안에서 대단히 정략적으로 구성된 이야기를 전달할 뿐이다. 우리는 언론이 중립적이라는 생각을 버려야 한다. 중립적 진실은 없다. 언론은 정파적이다.

언론 정파성은 데스크에서 만들어진다. 데스크가 프레임을 짜면 또는 특정 집단이 주문하는 프레임을 받아 안으면 그 안에서 기자들이 움직인다. 취재기자가 세상을 보며 느끼며 생기는 관점을 데스크가 검토하는 상향식 의사결정 구조는 교과서에나 있다. 현장의 목소리는 데스크가 결정한 프레임으로 수정 조작된다.

데스크의 프레임에 익숙해진 기자는 누구를 만나야 할지, 어떤 말을 해야 할지 관성이 생기게 된다. 오바마가 멍석을 깔아주면 기회라고 생각해야 하는데, 기자들은 마냥 부담스러운 거다. 돌발상황에 대비가 전혀 안 돼 있는 것. 쉽게 말하면 길든 엘리트요 야성을 잃은 사자다. 한국 기자들의 현재 모습이다. 정치판은 정글인데 사냥꾼들이어야 할 기자들은 길들어 있으니 진실이 사냥 될 리가 없다.

프레임은 나쁜 게 아니다. 이야기를 만들어내는 데 필요하다. 누가 어떻게 프레임을 짜느냐가 중요하다.

'오늘 거제에서 대량 정리해고가 있었습니다.' 끝!

리포트가 이렇게 이야기가 없는 팩트로 끝나면 감흥도 판단도 기대할 수 없게 된다. 현장에 가서, 협력업체 비정규직 노동자가 통장 잔액이 바닥인 상태에서 실직한 고통을 토로하는 걸 취재하고 그 절절한 하소연을 기사로 내보내고, 시점을 청와대 서별관 회의로 옮겨 관계 장관 대책회의를 보도하고 두 장면의 대비를 극대화하면 이야기가 만들어진다. 정치가 민생을 외면하고 있다는 프레임을 보여주며 여론을 조성하면 정부는 구체적인 대책을 만들게 된다. 현장 노동자들의 삶을 지켜주는 프레임을 짠다면 누가 나쁘다고 하겠는가?

하지만, 거제의 위기를 비정규직 노동자의 해직이 아닌 주가지수의 요동에 초점을 맞춘 리포트와 서별관 회의의 취재를 묶으면 어떤 프레임이 탄생할까? 거기다 외국 자본의 이탈 운운하면? 그럼 노동자를 지원하는 게 아니라 재벌구조조정을 위한 긴급자금 지원을 위한 프레임이 만들어진다. 수조 원의 국가자금이 금융과 주식시장 안정에 투입되고 실직 노동자는 버려지는 현실은 이렇게 탄생한다.

노동자를 버리고 외국 자본과 금융시장을 위한 보도가 조중동 프레임이었다. 기자로서는 관료들과 재벌을 취재하는 게 훨씬 더 편하다. 그쪽엔 이미 관리된 취재원이 있다. 공보실, 홍보실이 있고 일상적으로 기자를 관리하는 게 재벌과 정부다.

정부 공보관이 "○○○ 기자님 오늘 좀 만나죠." 그러는데, "저는 오늘 거제 현장으로 취재를 먼저 가봐야겠습니다." 할 기자가 몇 명이나 되겠는가? 출장 가서 몇 박 며칠 현장 취재하는 동안 이미 취재원으로부터 자료를 받은 다른 언론사 기자들이 펑펑 기사를 다 송고하고 나면 애써 현장 취재한 자신은 뒷북을 치는데 누가 현장취재를 고집하겠는가?

그냥 보도자료 주는 쪽 상대하고 그 보도자료를 기반으로 기사를 후다닥 쓰고 말지 바보 되는 쌩 노가다를 누가 하겠냔 말이다. 주요 부처에는 기자실이 있고 와이파이도 터지고, 휴식할 수도 있고, 차도 마실 수 있는 데다가, 밥 사줄 사람도 있는데 현장에서 고생한다? 초짜 시절 사회부 기자, 당직 기자면서 파출소, 지구대에서 쪽잠 자며 취재하던 걸 또 하라고? 그럴 일 없는 거다. 기자들은 그렇게 길든 상태다. 대한민국 기득권 카르텔은 그렇게 길든 언론을 하부구조의 토대로 삼는다.

7

사람값을 쳐주지 않는 사회

우리나라엔 1만 개의 가맹점에 순이익 2000억 원인 편의점 프랜차이즈가 두 개 있다. 점포 하나당 2천만 원의 수익을 올린다. 한 프랜차이즈 본사의 영업이익은 2013년 1050억에서 2016년 2171억으로 두 배 이상 올랐다.

최저임금이 인상됐다고 했을 때 프랜차이즈 본사가 이익을 줄여 최저임금을 올려주는 일을 기대할 수 있을까? 편의점주와 고통 분담이란 명목으로 본사가 최저임금 상승에 따른 부담을 나눠서 질 용의가 있을까? 그런 일은 우리나라에서 벌어지지 않는다. 결국, 최저임금이 오르는 부담은 편의점주, 자영업자가 지게 될 것이다.

우리 인식은 정치의 본질을 향하지 않는다. 몫의 배분에 관한 목소리다. 편의점 본사와 금융은 주요 사업 주체임에도 최저임금 논의에서 숨겨진다. 편의점주와 아르바이트생(알바생) 양자의 문제로 최저임금제를 인식한다는 것이다.

편의점 사업은 편의점 본사, 대출이자와 카드 수수료를 받는 금융 부문, 점포를 빌려준 건물주, 편의점주, 알바생이 모두 사업 주체들이다. 알바생 몫을 늘리기 위해 편의점주만 자기 몫을 줄여야 한다는 게 타당한가? 문제는 많은 사람이 이건 정치의 문제가 아니라고 생각한다는 점이다. 이건 명백한 정치 문제다. 가난한 사람끼리 싸우게 만드는 분리통치술*이다.

* Divide & Rule. 피지배층이 반목하고 갈등하게 하여 지배층으로 향하는 불만을 흩어버리는 통치기법. 영국은 이슬람의 수니파, 시아파 갈등, 인도의 힌두교 이슬람 갈등을 심는 등 이 정치기술을 많이 사용했다. 인종 간 갈등, 남녀의 성 갈등, 지역 갈등 등이 분리통치술에서 자주 쓰이는 기제들이다.

생산성, 생산성… 자본은 노래를 부른다. 2015년 한국생산성본부 발표로는 한국의 제조업 생산성은 시간당 48.7달러(PPP:구매력평가지수)다. 시간당 5만 원이 넘는 게 대한민국 제조업의 생산성이다. 세계 11위다. 대한민국의 노동시간은 매우 길다. 경제협력개발기구(OECD) 1, 2위를 다툰다. 시간당 생산성 11위에 긴 노동시간을 곱하여 얻은 연간 생산성은 5위까지 올라간다. 10만 달러가 훌쩍 넘는다. 다들 놀랄 거다. 제조업 생산성이 10만 달러가 넘다니. 세계 5위라니. 이렇게만 보면 우리나라는 엄청 부국이어야 하지 않을까?

그러나 그렇게 될 수가 없다. 서비스업 생산성이 시간당 22.5달러이기 때문이다. 제조업 대비 서비스업 생산성이 46% 선에 머무른다. 많은 사람이 한국의 서비스업이 후진적이기 때문에 벌어지는 일이라고 주장한다. 과연 그럴까?

간단하게 생각해보자. 한국, 일본, 중국, 베트남, 덴마크, 프랑스의 버스 운전사 중 누가 가장 숙달되어 있을까? 우열을 가늠할 수가 있겠는가? 서비스업은 생산성으로 요금이 부과되지 않는다. 그 사회가 가진 사람값에 대한 합의를 반영한 것이 서비스업 생산성이다.

우리는 유통, 판매, 상담, 유지보수, 청소와 환경관리, 숙박업 등의 서비스 종사자의 사람값을 높게 평가하지 않는 사회에서 살고 있을 뿐이다. 그리고 사람들 대다수는 이런 서비스업에 종사한다. 일명 내수시장이다.

제조업 대비 서비스업의 생산성에서 주요 국가들, 가령 미국, 일본, 프랑스, 독일 등은 70% 선을 유지한다. 민주주의 국가, 인권의 정신이 제대로 박힌 나라의 평균 상식이다.

대한민국에 제조업 대비 서비스업 생산성 70%를 대입하면 34.09달러가 나온다. 사람값에 대한 OECD 기준만 가지고 있다면 시간당 34.09달러, 한화로 4만 원 근처가 평균 생산성이 된다.

누군가는 인건비가 오르면 물가도 오른다고 걱정할 것이다. 당연하다. 그럼 묻겠다. 지금 인건비가 싸다고 물가가 낮은가? 왜 서비스에 따른 인건비는 이렇게 싼데 물가는 세계 최고 수준인가? 사람값은 싸지만, 물건값은 싸지 않은 이 불합리함은 어디서 유발된 것인가?

생산요소 시장에서 싼값에 노동력을 팔아야 하고 생산물 시장에서 비싼 값에 물건을 사야 하는 한국인들이 처한 상황은 뒤틀린 정치구조를 빼놓고선 설명할 수 없다. 이 뒤틀린 권한과 의무의 관계를 바로 갑을 관계라 부른다.

갑을 관계의 최악은 열정페이일 것이다. 그 열정페이가 가장 일반화된 문화예술계의 구조를 살펴보고 그게 한국 정치와 어떻게 연결되는지 논의를 이어가겠다.

무대에 서는 사람은 대개 비정규직 단원들이다. 고고한 선생님은 총감독이다. 열정페이에도 불구하고 헌신적으로 예술 하는 단원들을 비추는 조명은 임대(렌털)다. 무대를 만들기 위해 목수들이 동원됐는데 거래명세서상 품과 실제 동원된 품이 일치하는지는 알 길이 없다. 앞에 있는 관객들은 기업이 나눠준 공짜 표를 받고 들어온 사람들이다.

공연이 끝나고 나면 이상하게도 수익은 별로 발생하지 않는다. 관객이 꽤 들어와도 말이다. 그런데도 고고한 카르텔 최상위의 선생님들은 부유하다. 이 미스터리는 각종 렌털 비용 속 숨은 진실을 파보면 답이 나온다. 이중 세금계산서와 거래명세서, 리베이트가 난무하니 공식적 수익은 없고 뒤로 챙겨 부유해진 사람만 있다.

선생님은 고고하시고 단원들은 삶이 버겁다. 이러한 불합리가 관행, 도제 시스템이란 이름으로 횡행한다. 사람값이 싸지 않다면 절대로 선생님들은 해 먹지 못한다. 선생이란 이름으로 권위적으로 단원들을 찍어 누르고 그들의 자존감을 뭉개놓지 않으면 이러한 수탈구조는 유지될 수 없다.

문제는, 선생이 로비하지 않으면 공연이 진행될 수 없다는 데 있다. 티켓을 사줄 관객이 예술 분야에서 터무니없이 적다. 정치·경제계에 로비할 수 있는 선생님이 존재하고 그가 프로젝트를 물어와야 공연할 수 있는 문화예술계의 질곡은 고쳐질 수 없을까?

대중들에게 다가서서 대중이 감동할 공연을 하고 대중들이 지갑을 연다면 문제는 해결된다. 하지만 국가 예산과 기업 후원으로 카르텔을 유지하는 게 대중 앞에 서기보다 더 쉽고 달콤하다. 그렇게 길든 것이다.

최상위 선생님들이 있고 정치인, 관료, 기업가들이 연결된 카르텔이 있으며 그걸 받아 써주는 언론이 공생하는 구조. 이 구조에서 대중과 단원들은 소외돼 있다. 한국 정치의 축소판이 문화예술계다. 빛나는 소수와 대다수의 헐벗음이 공존한다. 양극화가 가장 심한 곳이 문화예술계일 것이다.

대중보단 국가 예산과 기업 후원으로 유지되는 시스템이 비단 문화예술계에만 있을까? 정치인들도 그렇다. 대중의 후원과 인기가 그들의 존립 기반인 것 같지만, 그것은 연출된 쇼다. 국가 예산과 기업 후원을 연결고리로 한 복잡한 이해관계 시스템이 정치인들의 존립을 결정한다.

이 이해관계 시스템으로부터 버림받은 비주류 정치인이 대중노선으로 뛰쳐나와 대중의 후원과 지지 속에서 극적으로 성공할 수 있겠는가? 거의 불가능한 미션이다. 그러나 그 물꼬는 터졌고 점차 확대되어 가고 있다. 대중적 열망으로 대중을 바라보며 그들의 후원과 참여의 물꼬를 튼 정치인이 바로 노무현이다.

김대중과 김영삼도 대중의 열망을 얻었지만, 그들의 정치 기반은 대중의 후원으로 유지된 게 아니었다. 노무현에 이르러서 각성한 대중의 십시일반이 큰 물결을 만들었다. 노무현마저 대선자금이 공개되었을 때 그 도도한 큰 물결만으로는 대통령이 될 수 없었다는 걸 보여주었다.

노무현은 그걸 숨김없이 공개했다. 불법대선자금을 다 공개하고 구시대를 종결시키려 노력했다. 그러나 그의 도전은 미완으로 끝나고 말았다. 열린우리당은 당원을 모았지만, 그들이 대의원이 되는 길을 막았다. 운동권 시민사회세력의 엘리트 정치인들은 대의원과 당권을 틀어쥐고 대중을 배신하는 정치를 감행했다.

지금 민주당은 과연 어떨까? 권리당원을 몸 빵 돈 빵 하는 것 이상의 대우를 해줄 것인가? 그들이 대의원을 선출하게 자신의 기득권을 내려놓을 것인가, 아니면 자신들이 모든 걸 틀어쥐고 있는 현재 상황을 유지할 것인가? 대중을 기만하고 토건족, 재벌, 각종 카르텔에 포획된 채 권리당원을 모아선 더불어민주당도 열린우리당의 전철을 밟게 될 것이다.

정치인들은 이제 대중노선으로 나와야 한다. 대중의 십시일반으로 자기 존립 기반을 다져야 한다. 대중의 정치참여에 기대 정치를 할 수 있으리란 희망을 품어야 한다. 국가 예산으로 토건족과 농탕질하고 국가정책으로 재벌과 장난치는 정치인에서 빠져나와야 한다. 카르텔에 포획되면 결국엔 사람값을 후려치는 이 시스템을 개혁할 리 만무하다.

카르텔의 뒷배가 존립 기반이어서는 절대로 개혁적인 정치인이 될 수 없다. 민주당 권리당원들의 당비는 정치인들의 존립 기반이 될 만큼 충분히 만들어질 수 있다. 대중은 그렇게 해주려 더불어민주당에 집결하고 있다. 이제 더불어민주당의 국회의원들이 결단해야 할 시기가 다가오고 있다.

카르텔의 갑질, 속임수와 비리를 눈감아야 먹고살 수 있는 비루한 삶을 사는 우리. 대중은 이 삶을 끊어버리고 싶다. 그것을 간절히 원한다. 그러나 그 무게를 노무현처럼 희생하는 삶을 사는 정치인이 혼자 짊어지게 해선 안 된다. 믿을 수 있는 정치인이 나올 수 있는 대중적 토양을 우리가 만들고 선수를 질책하고 교체하며 이 길을 가야 한다.

왜 대중노선이어야 하는가? 그 대중노선의 물꼬를 튼 노무현이 왜 소중한가? 그것을 이어가고 있는 문재인이 왜 소중한가를 우리는 다시 상기하자.

사람 사는 세상을 만들기 위해 우리는 우리 정치인이 필요하다. 카르텔을 해체해야 우리는 사람값을 제대로 받을 수 있다. 우리의 소득을 사람답게 살 수 있는 수준으로 돌려놔야 한다. 카르텔을 해체하고 갑을 관계를 청산하는 그 첫걸음은 정치인들을 카르텔 엘리트 정치인에서 대중 정치인으로 환원시키는 일이다.

8

여가를 요구하지 않는 사람들

어느 외국인이 말했다. 한국의 야경이 아름답다고. 한국인이 대답했다. 야근 때문입니다. 현대자동차 노동자의 높은 소득은 주말근무, 특근과 야근으로 달성된다. 어렸을 때는 자율학습과 학원, 나이 먹어서는 야근.

한국인들은 여가를 요구하지 않는다. 근면 성실이란 삶의 가치가 뒤틀린 결과 우리는 스스로 학대하며 산다. 이게 일본 식민지, 독재의 전체주의가 심어놓은 최악의 적폐다.

어떤 인간이 존엄한 인간인가? 소득과 여가를 충분히 누리는 인간이 존엄한 인간이다. '국가와 민족의 무궁한 영광을 위하여 충성을 다한' 인간이 존엄한 인간이 아니다. 성공을 숭상하고 자학적인 과로를 숭상한 결과 우리는 스스로 노예의 삶을 받아들이고 더욱더 가혹한 학대를 통해 신분 상승을 시도한다.

그렇게 입시제도, 고시, 승진 경쟁을 겪어낸 우리는 카르텔의 일원이 되기를 소망하며 보상받기를 원한다. 강렬한 투쟁과 경쟁에서 카르텔은 더욱더 세습되고 폐쇄돼 간다. 금수저로 태어나는 것이 노력보다 더 중요한 계급사회로 진입하고 있는 것이다.

앞세대의 학벌에 기댄 신분 상승 신화는 깨지고 있다. 학벌과 과로를 강요하는 사이 우리는 일상의 존엄을 파괴하고 지친 채 카르텔을 파괴할 정치적 동력을 상실해 간다. 기득권 카르텔이 우리에게 요구하는 건 간단하다.

"싼값으로 오래 노동하라!"

이 요구를 관철하기 위해 카르텔은 교육을 왜곡하고 노동시장을 교란하며 갑을 관계를 형성하고 언론을 휘어잡아 정당을 쥐락펴락하는 것이다.

소득만을 염두에 둔 투쟁은 결국 이기적 분파주의로 매몰되고 만다. 현대자동차처럼 말이다. 비정규직과 협력업체는 외면하고 자신들의 소득을 그것도 연장근무를 통해 확보하는 방식으로 얻어내고 끝나게 된다. 노동자의 보편적 계급 투쟁은 사라지고 개별사업장별로 투쟁하고 얻을 것 얻어내고 마는 식이다.

보편적으로 해방된 인간은 소득이란 욕망을 넘어서 무소유로 하늘에 뜬 구름을 바라볼 수 있는 인간이란 생각을 가져야 한다. 소비와 생산의 주체가 아닌 삶의 주체로서의 인간은 시간을 가져야 한다. 일자리는 없는데 일하는 사람들은 과로하고 있다? 우리는 지금 난센스를 무척이나 당연시하며 살고 있다.

5

숨겨놨던 이야기들

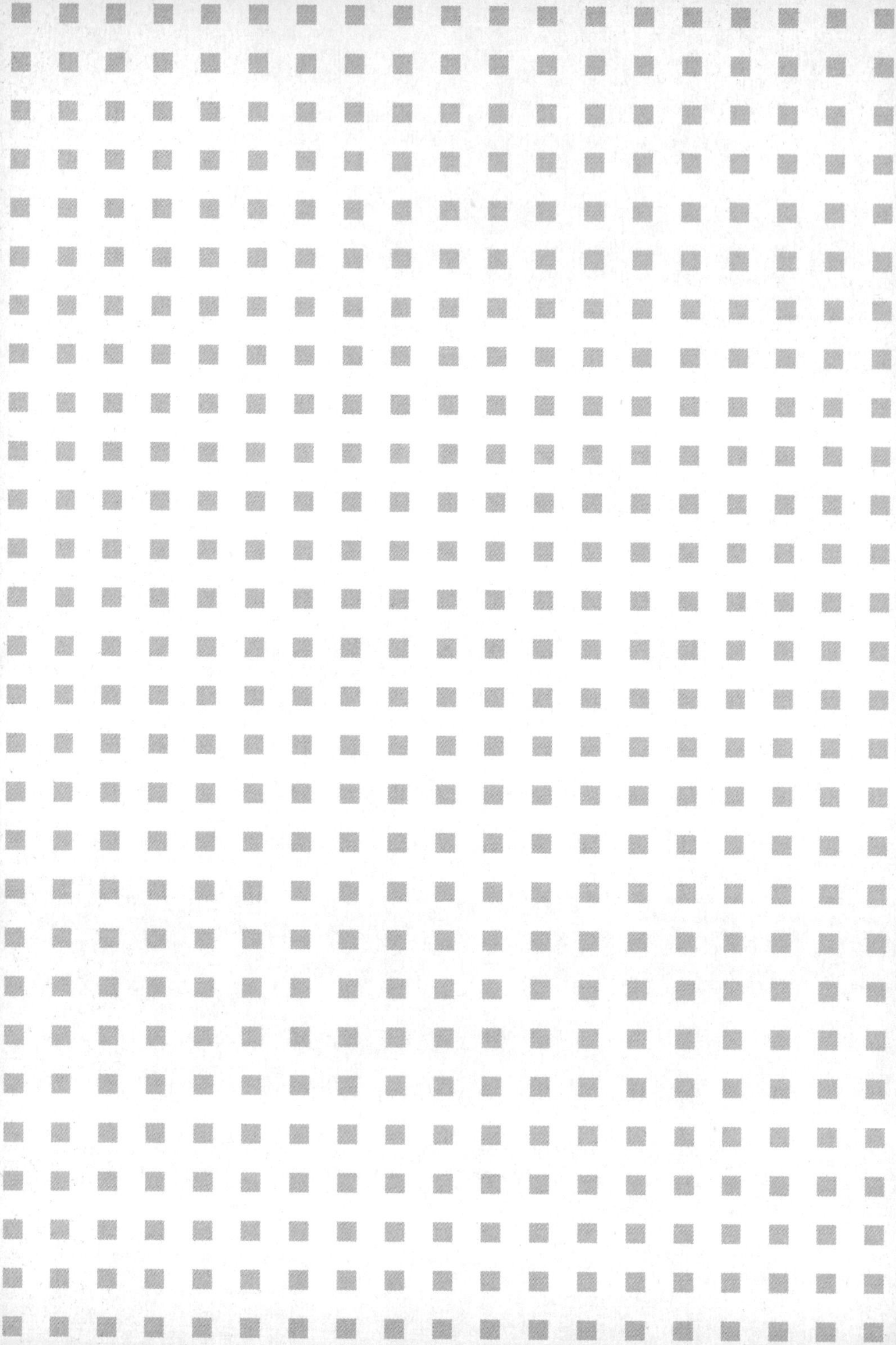

1

검찰개혁 실패의 전조가 된 X 파일 : 미림팀에 관하여

대선 기간에 이상호 기자가 엑스파일 문제로 문재인 대통령 책임론을 거론해서 큰 파문이 일었었다. 나는 그 엑스파일을 '삼성 엑스파일로 보면 안 된다. 국가안전기획부 미림팀의 엑스 파일로 바라봐야 한다'고 주장했다.

내가 미림팀에 대해 알게 된 건 대학교 때였다. 입학과 동시에 우리 과 교수 한 분이 입각을 하는데 김 덕 교수였다. "교수가 안기부장이나 되고"라고 말 한마디 잘 못 했다가 학과 조교 형한테 크게 혼난 기억이 난다. 김 덕 교수가 안기부 개혁하러 간 거란 선배 주장에 그러려니 했었다.

한번은 선배 결혼식에 김 덕 교수가 주례를 선 일이 있었다. 결혼

식장엔 오랜만에 보는 국정원 선배도 있었다. 그 선배에게

"선배 미림팀이 뭐예요?"

아무 생각 없이 까불며 물어본 나를 향한 선배의 표정을 지금도 잊을 수가 없다. 그 선배는 사색이 된 표정으로 주위를 훑어보더니 "너 죽고 싶냐?" 그러고 자리를 피했었다.

미림은 안기부 도청팀 이름이다. 룸살롱, 호텔, 한정식집 등에서 도청을 하던 팀이다. 지금 미국 대통령 트럼프가 러시아에서 찍힌 성매매 영상으로 말이 많다. 푸틴이 하는 정치가 그런 어둠의 정치다. 우리나라에도 그런 정치가 있었던 것.

그 미림팀은 안기부장 김 덕이 1차로 해체한다. 집권 초반 김영삼이 잠시 진보 분위기일 때 벌어진 일이다. 이인모 송환에, 금융실명제에, 민족이 그 어떤 동맹보다도 우선한다 등등. 그런 김영삼은 오래가지 않았다. 미림팀은 부활한다.

실제로 없어졌던 건지 명목상 해체였던 건지도 의아할 정도로 미림팀을 빠르게 부활했다. 그렇게 부활한 미림팀은 전두환, 노태우의 미림팀에서 김영삼의 미림팀으로 변모한다. 그렇게 변모한 미림팀은 김영삼의 정적들과 재벌 등을 대상으로 도청을 감행했다.

김영삼 대통령은 미림팀의 엑스파일을 어떻게 썼을까? 알려진 건 없다. 다만 김현철 씨가 이 미림팀의 엑스파일을 다뤘다는 것만 알려져 있을 뿐. 김현철은 블랙메일을 잘 보내는 스타일이었다고 한다. 상대의 약점으로 상대를 굴복시키는 그의 서슬 퍼런 권력 행사 방식에 대한민국 실력자들이 끔뻑 죽던 시절도 있었다.

문제는 그렇게 권력을 휘두르던 그가 몰락한 것. 김현철의 몰락은 바로 미림팀에게는 위기로 닥쳤다. 미림팀은 살 궁리를 해야 하는 상황에 몰린다. 이에 미림팀 요원들은 지금까지 도청한 테이프를 복제해서 유사시 자신의 구명용으로 보유했다.

(1) 김영삼 정권의 칼로 태어나 (2) 미림팀 자체의 자구책으로 전락한 게 미림팀의 엑스파일이었다.

애당초 엑스파일엔 정의구현이라든가 재벌개혁이라든가 하는 의도가 없었다. 그 엑스파일 중에서 삼성과 관련된 내용은 일부였던 것으로 추정된다. 전체 파일을 가지고 있는 검찰만이 진실을 알고 있다.

엑스파일 중에 삼성에 관한 내용뿐 아니라 김대중 대통령과 그 측근에 관한 내용이 상당수 포함되어 있었던 거로 보인다. 하지만 김현철의 몰락 과정을 통해 김대중과 김영삼의 신 밀월관계가 형성됨에 따라 엑스파일도 그 효용을 잃는다.

김현철의 몰락을 진두지휘하며 지지율을 끌어올린 이회창을 김영삼은 용납할 수가 없었다. 이 연결고리를 파고든 김대중. 둘은 적임과 동시에 동지. 그리고 많은 것을 정서적으로 공유할 수 있는 관계. 특히, 자기 아들들에게 부채의식과 애틋함이 남달랐다. 민주투사 아버지로서 자식에 관한 정서적 배경을 이해하는 이 세상의 단 한 사람. 김영삼과 김대중은 서로 그런 사이였다. 김대중과 김영삼은 김현철 사면을 매개로 협력적 관계를 맺는다.

검사 박주선이 김대중 비자금 사건 수사를 중지한 배경이자 이인제가 대선을 완주할 수 있었던 배경엔 김영삼의 암묵적 김대중 밀어주기가 있었다고 봐야 할 것이다.

훗날 법무부 장관 박상천이 김현철 사면을 반대하며 완강히 버티면서 상도동과 동교도의 화해 무드가 또 금이 갔다는 말이 전해져 내려오기도 한다.

마침내 김대중 정권이 출범한다. 그리고 해체되는 김영삼의 미림팀. 미림팀은 김대중 정권의 문화체육부 장관 박지원에게 엑스파일을 들고 갔다. 자기들 존재 이유를 설명하고 자신들을 해체하지 말라고 얘기했을 거다. 통 크게 자기들을 건들면 다 죽는 거라고 협박했을까? 알 수는 없다. 이때 어떤 협약이 있었는지 모르지만, 미림팀의 엑스파일은 김대중 정권 시기엔 조용히 잠복한다. 판도라의 상자는 노무현 정부가 들어선 이후 터진다.

미림팀은 들고 있는 엑스파일로 돈을 뜯어내고 싶었다. 그 돈을 뜯어내기 위해서 엑스파일 중 삼성 관련된 부분을 터트렸다. 문제는 그들이 삼성을 너무 만만하게 봤다는 것.

그들은 삼성에 돈을 요구했다가 생명의 위협을 느끼는 상황으로 내몰렸다. 그리고 이어지는 도피행각. 미림팀원들은 자신들의 안전과 돈을 원했던 사람들이지 정의를 원했던 사람들이 아니다. 이에 그들은 자신들의 안전을 위해 언론사와 접촉을 시도했다.

여기서 다시 생각해야 할 게 있다. 최종적으로 엑스파일을 확보한 자들은 누구인가다. 엑스파일을 들고 있으면 정치권과 재벌의 치부를 알 수 있다.

그 엑스파일을 손에 넣은 건 결국 검찰이었다. 엑스파일을 확보하는 순간 정권과 재벌을 상대로 엄청난 지렛대를 확보하는 것. 엑스파일은 정의의 사도라고 자처하지만, 우리가 절대로 인정할 수 없는 세력의 손아귀에 떨어진다. 이후 참극이 시작된다.

미림팀을 해체했던 김대중 정권의 국정원장들, 신건, 임동원, 천용택이 역으로 수사대상이 됐다. 그 과정에서 이수일 국정원 제2차장은 자살했다.

분명 엑스파일은 김영삼 정권에서 대선 때 도청한 건데 왜 김대중 정권 사람들이 이 사건으로 숙청이 될까?

이 사건이 호남 홀대론의 시작이었다. 노무현이 호남을 홀대한다는 마타도어가 터져 나오기 시작한 것이다. 이게 바로 엑스파일이 지닌 원초적 힘의 배경이다. 즉, 김영삼의 정적을 제거하는 용도로 만들어진 것의 결과다. 조그만 잘못에도 크게 처벌당하는 김대중 정권 사람들, 검찰은 그렇게 칼을 휘둘렀다.

삼성은 쏙 빠져나가고 검찰과 국정원은 자신들을 개혁하려 했던 세력을 숙청했다. 노무현 대통령은 정권 초반 검찰을 장악하지 않은 것이 어떤 의미였던가를 이 국면에서 뼈저리게 느꼈으리라 본다. 검찰은 대통령의 시녀가 아닌 스스로 권력의지를 가지고 있던 집단이자 한국의 재벌과 기득권의 수호자로서 적극적으로 정치하는 집단인 걸 증명한 셈이다.

우원식 원내대표 측에서 2012년 총선 때 통진당 후보에게 현금을 건넨 건과 관련해 내사 중이란 기사가 떴다. 2012년 총선이면 MB 집권기다. 그 당시의 일이 지금 첩보가 된 걸까? 아니면 자신들이 가지고 있던 파일에서 끄집어낸 걸까?

난 이 부분에서 이명박이 국정원을 사유화하고 이용한 전력으로 미뤄볼 때 미림팀의 엑스파일과 같은 것을 만들었을 개연성이 충분하다고 본다. 이명박은 자신의 안전을 확보하려고 대한민국 구석구석의 부패 내용과 사건 사고를 정리한 엑스파일을 가지고 있지 않을까?

그 엑스파일이 검찰에 공유되고 있는 건 아닐는지… 이것은 어디까지나 가설일 뿐이다. 이 가설이 성립한다면 이명박을 처벌하기 위해서 우리는 이명박의 죄만 밝혀서는 어려울 것이다. 육참골단(肉斬骨斷, 살을 내어주고 뼈를 친다)의 각오가 아니면 이명박을 잡지 못할 수도 있다는 것이다.

2

세상의 진실을 품은 증거들

본부장 : 그 입찰 들어가지 마.

대리 : 왜요?

본부장 : 이미 될 놈 정해져 있어.

대리 : 아, 또 뭐예요 이번엔.

본부장 : 차은택이라고 요즘 난리도 아니야. 다 정해져 있어. 대충해서 들러리나 서줘.

입찰은 실력 경쟁이다? 입찰은 프레젠테이션 잘한 기업이 따내는 거다? 꿈 같은 소리. 사전 영업을 통해 입찰 정보를 캐내고 발주처의 의도를 파악해 내서 직원들에게 숙제를 제대로 내주어야 하는 게 사장 임무다. 여차하면 룸살롱 가고 봉투 주고 각종 청탁까지 해결해줘야 하는 게 사장이 해야 할 영업이고.

예산을 가진 사람은 고위 공무원이건 대기업 간부건 간에 중소기업 사장을 업자라 부른다.

"업체 들어오라고 해."

그렇게 호통치는 벼슬. 우리는 그걸 갑이라 부른다. 갑은 자기 회사나 관청을 위해 갑질을 하는 게 아니다. 본인을 위해 갑질을 한다. 자신의 예산이 커질수록 쓸 수 있는 업체 수가 많아지고 쓸 업체의 수가 많아질수록 자신이 대접받을 수 있는 총량은 커진다.

그 대접이란 게 꼭 돈을 얘기하는 건 아니다. 중간 간부들은 자신과 눈을 마주쳤을 때 눈을 아래로 까는 사람들의 숫자가 많아지면 많아질수록 자신을 업신여기지 않는 사회 분위기를 본인 스스로 잘 안다. 그리고 그 중간 간부들은 자신의 직급과 예산이 커지는 데서 삶의 환희를 느낀다. 그들은 권력과 정치를 만끽한다. 단, 그들이 명심하고 있는 게 하나 있다. 이 권력이 자신들에게서 나오지 않는다는 것.

그들은 늘 정신 바짝 차린다. 줄을 잘 서야 해. 줄 잘 못 서면 끝장나는 거야. 그리고 또 그들이 노심초사 조심조심 다루는 게 있다. 바로 세금계산서와 영수증. 업자가 주는 돈은 결국 자신이 집행한 예산이 돌고 돌아오는 것. 그 돈의 흐름이 잡히고 와이로 먹은 게 걸리면 인생 종 친다.

사고가 발생하면 윗분들은 "얘 모르는 애예요."로 일관할 것이다. 그렇게 꼬리 잘리기를 당하면 좋은 시절은 가고 그 업계 바닥을 못 떠난 채 또 로비스트로 살아가야 하는 게 보통 중간 간부들의 삶이다. 안전하게 관리한 업체가 있고 그래도 얽어 놓은 후배라도 있다면 전관예우라도 받아서 어떻게 비벼 갈 수는 있다. 협력업체 사장 소리 들으면서.

이게 대충 우리 사회가 돌아가는 방식이다. 우리는 먹이 사슬의 한가운데 있다. 박근혜 치하에선 수직화돼 있는 먹이 사슬의 정점에 박근혜, 최순실, 그리고 차은택이 있었던 거다. 그들이 사라졌다고 이 먹이 사슬이 사라졌는가? 절대 아니다. 결국, 민간 부문에선 재벌이 정점이고 공공부문에선 관료가 정점이다.

공정 거래 또는 예산 집행의 투명성이 현실로 다가오려면 오랜 시간이 걸릴 것이다. 문재인이 대통령에 당선됐다고 해서 그런 세상이 바로 올 수 있는 건 아닐 것이다. 왜 그럴까?

박근혜 최순실 게이트를 복기해보자. 그들의 비리를 잡아내는 데 가장 필요했던 건 내부고발이다. 태블릿PC 자체가 자기 발로 나와 준 거면 정말 고맙긴 한 건데 태블릿PC도 분명 그 내부에 있던 물건이다. 그걸 내부에서 누가 빼낸 건지 최순실의 관리소홀이었는지는 아는 바도 없고 할 말도 없다. 하지만, 그게 인사이드의 비밀을 품고 있던 물건이고 일반적으로 내부고발자가 가져다주지 않으면 빼 오기 어려운 물건이라는 건 말하고 가겠다. 물론 가끔가다 그렇게 중요한 물건을 쓰레기로 버리는 멍청한 인간도 있을 수 있고 JTBC가 그렇다고 주장하면 그런 줄로 믿겠다.

일단, 내부에서 자료가 빠져나와야 비위자들을 칠 수 있다는 건 부정할 수 없는 사실이다. 고영태, 노승일 등의 내부고발자들, 장시호와 같이 플리바게닝(형량협상제)을 받아들인 듯한 협조자들. 결국, 수사는 내부자들의 폭로에 기반을 둔다.

내부자들의 폭로와 함께 수사는 계좌 추적, 세금계산서 추적, 영수증 대조의 과정을 거친다. 결국, 돈의 문제로 귀결되므로 이 자금 추적과정은 피할 수가 없다. 일반적인 패턴이다.

돈세탁은 세금계산서 꺾어서 현금 뽑아다 주기, 차명 카드 만들어서 쓰게 해주기, 고액상품권 사다 주기. 명품 시계 가져다주고 강남 전당포에서 꺾기 등 시내에서 벌어지는 방법에서부터 조세회피처의 페이퍼컴퍼니(유령회사)를 활용한 해외 자산 은닉 등의 스펙터클한 방법까지 참으로 다양하다.

자, 검찰이 내부자 확보 없이 자체 수사력으로 이 미꾸라지들 수사가 가능하겠는가? 난 불가능하다고 본다. 한데 여기서 중요한 질문

하나만 던지고 가자.

만약 검찰이 비위자들과 유착돼 있어서 내부고발자를 비위자들에게 제보해 준다면? 그러니까, 중소기업 사장이 억울한 일 당하고 검찰에 재벌 고발했더니, 그 중소기업 사장이 재벌 고발했다고 검찰이 재벌 회장님한테 수사 착수 전에 말해준다면 어떤 일이 발생하겠는가?

간략하게 말해, 주요 내부고발자가 찾아갈 수 있는 곳이 없다면 어찌 되느냐 말이다. 경찰, 검찰, 공정거래위원회, 언론사, 국회의원, 사방팔방 둘러봐도 내 편이 없을 거 같을 때 내부고발자는 어디를 찾아가야 하나? 천주교 정의구현사제단이라도 찾아가나, 아니면 침묵해야 하나?

문재인 정부가 들어섰다고 세상이 바로 바뀌지 않는 이유는 간단하다. 우리는 여전히 내부고발을 할 수가 없다. 내 인생 망가질 위험부담이 너무 크고 아직은 이 정부의 어떤 사정기관도 믿을 수 없다.

검찰개혁을 왜 해야 하는가? 노무현 대통령의 억울한 죽음을 통해 검찰을 절대 용서할 수 없게 되었다는 의견들이 많다. 노무현 대통령의 희생은 검찰개혁이라는 커다란 공감대를 만들어냈다. 그리고 무엇보다 우병우란 존재는 특유의 아우라로 우리의 분노지수를 극대화했다. 우리는 검찰을 향한 분노의 공감대를 형성하고 있다.

먹고살기 위해 각종 불공정거래와 억울함을 감내하고 있는 우리

삶을 돌아보자. 업자 취급받으며 굴욕감을 감내하는 중소기업 사장님들, 소상공인들, 그리고 그 먹이 사슬의 끝자락에서 신음하는 비정규직과 서민들… 이런 보통사람들이 살면서 느끼는 억울함을 호소할 공적 기관을 우리는 필요로 한다. 얘기를 들어주고 고발한 사람을 보호해주고 정의를 실현할 검찰, 경찰, 공정거래위원회를 원하는 것이다. 공직자들이 룸살롱 가서 폭탄주 먹고 거시기를 세우면 법치와 민족정기는 눕는다.

여기서 또 한 가지 생각해야 한다. 내부고발은 위험부담이 크다. 아무리, 검찰, 경찰 그리고 공정거래위원회와 금융위원회가 바로 선다 해도 내부고발의 후폭풍으로 왕따당하는 걸 100% 막아주진 못한다. 내부고발은 위험부담이 크다.

게다가 우리는 내부고발자를 배신자 취급하는 문화 속에서 살고 있다. 학연, 지연, 근무 인연, 우리는 왜 각종 인연으로 인사이드를 만드는가? 그건 바로 내부고발자를 배신자로 만들고 내부자들의 단합을 꾀하는 기제 아니던가? 내부고발자를 따돌릴 만반의 준비를 다 해 놓은 것 아니냔 말이다.

나쁜 짓 하고 해 먹는 게 결코 쉬운 일이 아니다. 꼼꼼해야 하고 치밀해야 한다. 그 치밀함은 사람관리로 귀결하고 그 사람관리라는 건 결국 챙겨주는 것과 함께 보복수단을 함께 준비하는 걸 의미한다. '너 나 죽이려고 하지 마, 그럼 같이 죽는 거야.' 이 강렬한 메시지에 많은 이들이 굴복하는 것이다.

정의의 사도가 내부고발자이기를 바라면 우리는 결코 내부고발로 사회를 정화할 수 없다. 내부고발의 위험부담을 상쇄할 당근을 제시하고 기회주의적 동기와 계산만으로도 내부고발에 베팅할 충분한 매력 포인트를 주어야 한다. 그게 바로 징벌적 손해배상제도다.

내부고발자에게 내부고발에 따른 리스크를 보상하고도 남을 이익을 얻을 수 있게 해야 한다. 기회비용이 플러스가 되어야 내부고발의 동기가 생긴다. 기본적인 게임이론 사고다. 인간의 생존본능을 인정하고 그것을 제도로 만드는 접근이 필요하다.

징벌적 손해배상제도는 집중된 자본의 어마어마한 힘에 맞설 힘을 소시민에게 부과하는 정책이고 내부고발 시스템을 활성화할 가장 현실성 높은 제도다.

아무리 제도가 완비되어 있다고 해도 소시민이 용기 내어 내부고발을 하기는 쉽지 않을 것이다. 노무현 정부 시절 김용철 변호사처럼 내부고발자가 비참하게 몰락하는 과정을 국민에게 보여주어선 안 된다.

권력을 적극적으로 사용해서 비위 사실이 세상 밖으로 나오면 정치적으로 싸워야 한다. 지금까지 우리 현대사는 지나칠 정도로 정의가 패배하는 역사였다. 내부고발자들이 짓밟히는 역사였다.

문재인 정부는 개혁 과정에서 사회에 신호를 주어야 한다. 내부고발하면 보상받는다. 정의가 승리한다는 신호 말이다. 그런 풍토와 제도로서의 내부고발자 보호와 징벌적 손해배상제도를 서둘러 정비해야 한다. 제도가 정비되고 신뢰가 구축된 어느 순간 인내의 임계점에 도달하면 내부고발이 튀어나오기 시작할 것이다. 이슬점에서 이슬이 우수수 맺히듯이 말이다. 그 폭발적인 이슬들을 담아내 시원한 냉수를 뽑아내야 한다.

3

북핵 문제의 정답은 20년 전에 나왔다

핵과 미사일 실험을 강행하는 북한과 그로부터 고조되는 긴장감 속에 우리가 확실히 알 수 있는 건 하나다.

"한반도에서 냉전은 끝나지 않았다!"

중국과 소련의 대한민국에 대한 적대는 오래전에 끝났다. 노태우 정권 기간에 중·소 두 나라는 우리와 수교하고 교역을 시작했다. 이제 중국과 이뤄지는 경제적 상호의존은 미국과 일본을 합친 것보다 크다.

소련을 이은 러시아는 블라디보스토크를 중심으로 한 극동 경제의 개발에서 한국과 협력이 필요하다. 아마도 대한민국과 중국, 러시아 간에 전쟁을 불러올 긴장감이 있다고 보는 사람은 없을 것이다.

그러나 북한과 미국, 일본의 적대는 끝나지 않았다. 그리고 많은 사람은 그 원인을 북한에서 찾는다. 북한이 핵을 개발하기 때문에 벌어지는 일이란 것이다. 과연 그럴까?

우선, 한반도 비핵화 이야기를 해보자. 한반도 비핵화는 애초에 중국과 러시아의 요구사항이었다. 미국이 중국과 러시아를 향한 적대를 멈추라는 것이다. 쿠바 미사일 위기를 상기해 보자. 워싱턴 바로 밑에 있는 쿠바에 핵이 배치되면서 핵전쟁 위기가 고조됐다. 한반도와 중국 베이징 사이는 쿠바에서 워싱턴 거리와 비슷하다. 중국으로서는 한반도에 핵이 있다는 사실을 받아들일 수 없다.

중국과 러시아는 주한미군의 전술핵 철수를 요구했고, 미국과 한국은 이를 받아들여 1991년 12월 18일 노태우가 비핵화를 선언하며, 1992년 1월 31일 마침내 남북한이 한반도 비핵화 공동선언을 했다. 냉전 해체의 프로세스에서 가장 민감한 부분이 해결된 것이다.

문제는 그다음, 한국을 둘러싼 4강에 의한 남북한 동시 승인과 유엔가입 문제였다. 대한민국은 중국, 소련과의 적대관계를 끝냈다. 하지만 미국은 북한과의 수교를 거부했다. 여러 가지 표면적인 이유를 내세웠지만, 동구 사회주의권 국가와 함께 북한도 몰락하리라는 판단이 결정적이었다. 사회주의 경제권이 붕괴하고 식량난과 에너지난

이 발생한 상황에서 북한이 더는 버티지 못하리라 본 것이다. 루마니아, 불가리아, 체코, 유고, 폴란드의 공산주의 붕괴, 특히 루마니아 차우체스쿠의 비참한 최후를 김일성에게 투사했다.

경제 성장의 기초를 다지는 중국과 대혼란에 빠진 90년대 초반의 소련, 북한을 도울 나라는 어디에도 없었다. 자동 붕괴해야 할 북한은 수백만의 아사자와 꽃제비 등 기아 난민을 배출하면서도 체제를 굳건히 지켜냈다.

미국의 경제제재를 해제하고, 체제 안정을 유지할 방법으로 북한이 선택한 것이 핵 개발이었다. 자신을 고사시키기로 작정한 미국을 대화 테이블로 끌고 나와 궁극적으로 미국과 수교하는 것을 목표로 한 북한의 전략적 선택이었다.

북한이 핵 개발 프로세스를 가동하자 미국은 폭격으로 맞서려 했다. 북한은 주민이 굶어 죽는 와중에 그야말로 이판사판으로 나왔다. 핵 이외에 북미 회담을 개시할 지렛대는 없다고 판단했다. 일촉즉발의 위기 상황으로 치닫는 한반도.

우라늄 광산, 원자로, 미사일 개발 시설 등에 폭격이 이뤄지기 직전 투입된 마지막 반전 카드가 지미 카터 전 미국 대통령의 방북이었다. 카터의 방북은 핵 동결, 북미회담 개시, 그리고 남북정상회담의 물꼬를 텄다. 전쟁의 위기는 회담으로 전환됐다.

카터의 방북과 북미회담 개시의 아이디어를 낸 사람은 김대중이었다. 김대중의 미국 NPC(내셔널프레스센터) 연설은 한반도 위기의 반전을 이끈 명연설로 회자된다. 이 연설은 1994년 '베스트스피치'로 선정되며 기적의 연설이라는 평가를 받았다. 김대중의 열정은 빌 클린턴 행정부를 설득했다.

이 북미대화는 제네바 합의로 연결됐다. 핵 동결로 시작해서 핵 포기에 대한 보상을 거쳐 북미수교를 종착점으로 하는 평화프로세스가 시작된 것이다. 대한민국이 한반도에너지개발기구(KEDO)를 통해 경수로를 지어주고, 미국은 중유 20만 톤을 매년 공급하는 보상책. 북미, 북일 수교 협상이 시작됐다.

미·중·러·일 4강이 남북한과 동시 수교하고 적대관계를 청산하는 냉전 해소의 정답은 이미 나왔다. 이 평화프로세스의 정점은 올브라이트 미 국무장관의 방북이었다. 올브라이트를 위해 진행된 대규모 카드섹션에서 북한 미사일이 등장하자 심기가 불편해진 올브라이트에게 김정일이 한마디를 건넨다. "이것이 보게 되실 마지막 미사일입니다."

올브라이트의 방북은 클린턴의 방북 사전 작업이었다. 클린턴은 임기가 끝나기 전 방북하고 북한과의 수교를 마무리 지으려 했다. 김대중은 그날을 손꼽아 기다리고 있었다. 그런데….

고어와 부시의 미 대통령 선거는 플로리다에서 막판까지 피 말리는 접전 끝에 부시의 승리로 끝났다. 당선자 부시는 클린턴의 방북을 막고 김대중 대통령은 “박복한 민족이요, 천추의 한이다.”란 말을 남겼다.

부시는 MD를 추진하며 ABM(AntiBallastic Missile) 조약을 파기했다. 미국과 소련이 무기 체계 개발에서 오는 과도한 군비경쟁을 피하고자 체결했던 조약을 깬 것이다. 김대중 대통령이 푸틴과 만나 ABM 파기에 분노한 푸틴을 이해한다는 어조로 말했다는 이유로, 부시는 백악관에서 김대중 대통령을 모욕했다. “This man…” 부시의 MD 추진, 악의 축 발언, 그리고 미국의 제네바 합의 파기. 한반도에 다시 먹구름이 드리워졌다.

북한과 일본 사이엔 수교가 논의되고 있었다. 110억 불 규모의 지원금을 포함한 이 회담은 납북된 일본인의 유해 송환 과정에서 가짜 유골 논란이 터지며 중단됐다. 미국의 정권이 바뀌면서 한반도 평화 프로세스는 최종적으로 파산을 선고한다.

9.11 테러가 터지고 이라크 전쟁이 발발했다. 부시 정부는 중동과 한반도의 동시 전쟁 수행 능력을 확보하려 했다. 하지만 정작 중동에서 전쟁이 벌어지자 두 개의 전쟁 시나리오는 허상임이 드러난다.

북한과 미국의 양자협상에 기반을 둔 평화 프로세스가 붕괴한 상황에서 김대중은 한반도 주변 4강을 모두 테이블에 올려놓는 6자회담을 구상했다. 북한과의 평화협정을 주도할 의사가 없는 부시 정권에서 미국 주도가 아닌 다자외교의 판을 짠 것이다.

부시와 경의선 철도에 동석한 김대중 대통령이 온 힘을 기울여 부시를 설득한 일화는 정세현 전 통일부 장관의 증언과 언론보도 등을 통해 확인할 수 있다. 2009년 9월 1일, 프레시안 정세현의 정세토크를 보면 '일흔여덟의 DJ가 젖먹던 힘까지 다했다'는 표현이 나온다.

김대중의 노력은 노무현 정부에 들어와 9.19 공동성명으로 이어졌다. 2005년 9월 19일에 발표된 6자회담의 기본성명서인 이 공동성명의 골자는 다음과 같다.

❶ 북한의 비핵화

❷ 미국과 북한 일본과 북한의 수교

❸ 북한에 대한 나머지 5개국의 경제지원

❹ 정전협정을 대체할 평화협정 논의

❺ 위의 네 가지 사항을 말 대 말, 행동 대 행동 원칙하에 이행

9.19 공동성명은 이미 나온 정답을 다시 한 번 되풀이한 것에 불과할 수 있다. 하지만 6개국이 이 정답을 다 같이 모여 문서로 작성했다는 데 큰 의의가 있다. 모여서 죽으라 회의해봐야 다른 결론이 나올 수 없다는 걸 확인한 셈이다.

이제 남은 건 닭이 먼저냐 달걀이 먼저냐, 즉 북한의 비핵화, 북미수교 중 무엇이 먼저냐다. 미국에서 오바마 행정부가 들어서고 힐러리 클린턴이 국무장관에 임명되자 이 논란은 종식된다. 힐러리 클린턴은 9.19 합의상의 북미수교 추진을 먼저 개시하려 한 것이다.

힐러리 클린턴의 방침에 비토를 걸고 나온 건 다름 아닌 이명박 정부다. 미국과 한국 정권이 엇박자가 나면 평화프로세스가 작동할 수 없는 천추의 한이 또 발생한 것. 전략적 인내란 말 속에 오바마의 8년, 이명박·박근혜의 9년이 흘러버렸다.

트럼프 정부 출현, 김정은 정권, 문재인 정부. 문재인 대통령은 대북 지렛대가 하나도 남아있지 않은 대한민국 정부를 인수·인계받았다. 통일·외교가 파탄 난 상황에서 대통령이 되었단 뜻이다. 사드(고고도미사일방어체계)와 관련해 중국과의 갈등 또한 고조됐다.

냉전 붕괴 후 30년이 흐른 시점에서 다른 양상이 보이기 시작했다. 1995년 8월 7일, 러시아는 북한과의 동맹을 파기한다고 선언했다. 상징적으로 남아 있던 동맹 조약을 명목상으로도 파기한 것이다. 김영삼의 외교 성과다. 다시 말해 북한은 군사적 동맹국이 없다.

북한과 중국은 1958년 중국 인민 해방군의 철군 이후 합동군사훈련을 하지 않고 있다. 실질적 동맹은 아닌 셈이다. 중국과 러시아는 북한과 우호 관계이지 군사적 동맹관계는 아니다.

이는 냉전 붕괴 후 중국과 러시아가 미국의 패권을 인정해왔기 때문에 가능한 일이다. 자신들은 한반도에서 군사적으로 물러나도 미국이 남는 걸 인정한 것이다. 휴전협정 4조 60항에는 외국 군대가 한반도에서 철수하도록 명시돼 있다. 하지만 이후 여러 협정과 회담을 통해 주한미군의 한반도 주둔은 기정사실로 인정된다.

지금까지 한반도의 국제정세는 냉전 붕괴, 미국 패권의 인정, 적대관계 청산을 화두로 움직이고 있었다. 그런데 30년의 세월이 이 기본 전제에 균열을 가져오니, 중국의 급격한 경제 성장이 그것이다.

무엇보다 북한이 미국과의 관계 없이도 경제 성장을 할 수 있게 됐다는 점이 중요하다. 북한 처지에서 미국의 경제봉쇄가 곧 죽음을 의미했던 90년대 초반과 달리, 번영은 막겠지만 굶어 죽거나 하는 차원의 문제는 아니게 된 것이다.

그래서 한국과 미국은 중국에 북한이 위협을 느낄 수 있는 경제제재에 동참할 것을 요구했다. 중국은 이 요구를 순순히 들어줄까? 여기서 우리가 간과하는 딜레마가 하나 있다.

북한 핵이 진짜 전략적으로 위협적이라면 그건 미국이 아니라 중국에 더 큰 문제다. 중국 전역이 북한 핵무기의 사정권 안이라는 말이 되는 거다. 북한을 극한으로 몰아붙여서 북한이 핵전력을 가진 미국의 우방이라도 된다면 중국으로서는 최악의 시나리오가 만들어진다.

실제로 미국은 중국을 봉쇄하려고 베트남과 군사적 동맹 상태이고 인도와도 핵 동맹을 맺고 있다. 베트남, 인도가 미국과 과거 최악의 외교 관계였다는 걸 고려한다면 중국은 북한을 관리할 수밖에 없다. 북한마저 베트남처럼 미국에 붙어버리면 중국은 진정 고리 모양으로 미국에 둘러싸이게 된다.

아직은 중국이 미국의 패권에 도전할 처지는 아니다. 하지만 미국의 일방통행을 바라만 봐야 할 만큼 약하지도 않다. 향후 30년 사이에 둘 사이의 힘의 축이 어찌 변할지 의견은 분분하다.

우리는 휴전선 건너편에 북한이 있다고 생각하지만, 북한은 휴전선 건너편에 미국이 있다고 생각한다. 30년 전을 떠올려보자. 우리도 휴전선 건너편에 소련과 중국을 인식하고 있었다. 지금의 대립 상황이 심화한다면 다시 냉전으로 복귀할 가능성도 있다.

일각의 주장처럼 미국 전술핵이 한반도에 다시 들어온다면 그 전술핵의 사정거리 안에 있는 중국은 반발할 게 뻔하다. 대한민국과 북한이 아니라 미국과 중국의 공포 균형이 추진되면 어떤 일이 벌어질까?

과거 냉전 수준까지는 아니더라도 한국이 중국과 교역하기란 대단히 어려워질 것이다. 군사적 적대로 가기 전에 경제적 우호 관계는 심각하게 훼손될 게 뻔하다. 국내 경제의 침체와 찬바람이 냉전보다 덜 추울까? 교류 축소가 종국엔 휴전선 건너편에 중국이 오게 되는 참사로 연결될 가능성을 배제할 수 있을까?

미래는 알 수 없다. 하지만 분명한 것은 한반도 평화 프로세스의 정답이 나와 있다는 점이다.

4

달러 패권 : 미국의 본심을 읽는 법

가끔 명품 가격에 기겁할 때가 있다. 그중 최고가 그룹을 차지하는 모피 이야기를 잠시 하자. 4천만 원. 검색창에 뜬 명품 모피 롱코트 가격이다. 1억이 넘는 모피도 있다는데 일반 검색으론 잡히지 않는다. 갑자기 모피 이야기를 꺼낸 이유는 러시아가 시베리아에 진출한 이유가 모피이기 때문이다.

모피가 명품으로, 노동자의 몇 년 치 임금으로 거래되니 러시아는 모피를 찾아 시베리아로 영역을 확대했다. 청 태조 누르하치가 국가의 기틀을 마련한 원동력도 모피류의 고가품 무역이었다. 여진족은 모피와 특산물을 거래하면서 상업에 눈 뜨고 명나라에 대항할 신흥세력으로 성장할 수 있었다.

문명 게임에서만이 아니라 실제 역사에서도 기술과 시대 변화에 따라 전략자원이 변한다. 석유는 19세기 이전에는 쓸모조차 모르던 자원이다. 희토류는 또 어떻고? 우라늄은?

모피를 찾아 러시아는 계속 동쪽으로 확장해 나갔다. 작은 부족들을 제압하며 나아가다 종국엔 청나라를 만난다. 아무르 강에서 러시아와 청나라가 충돌했다. 모피 획득의 문제였다. 서양과 동양이 전략자원을 두고 처음 충돌한 것이다.

조선 또한 여기에 군대를 파병하니 바로 나선정벌이다. 조선은 러시아와 이해관계가 충돌할 일이 없는 나라였는데 청나라가 불렀다는 이유로 출병했다. 영문도 모른 채 강국들의 다툼에 휘말리기 시작했다. 나선정벌이 시작됐다.

중국 – 러시아, 중국 - 일본, 러시아 - 일본, 일본 - 미국,

미국 – 소련, 미국 - 중국

한국을 둘러싼 주변 4강은 축구 조별리그 하듯이 한 번씩 돌아가며 대립했다. 누가 승리하느냐에 따라 우리의 운명이 좌우되는 비운의 역사가 근현대사다.

이제 다시 중국과 미국이 충돌하는 시대가 도래했다. 우리는 휘말리지 않고 이 파도를 넘을 수 있을까? 그 질문에 대답하려면 미국 패권을 이해해야 한다.

❶ 미국 패권이란 미국이 교역로를 확보했다는 것을 의미한다. 전 세계 바다를 사실상 장악한 나라가 미국이다. 미국이 막고자 하면 그 어떤 물자도 바다로 이동할 수 없다. 패권국가 로마, 몽골, 영국은 영내 교역로를 확보하고 교역을 진흥한 정치세력이었다. 팍스란 결국 교역할 수 있는 평화를 의미했다. 팍스 로마나, 몽골리아, 브리타니아도 패권국이었으나, 그들의 패권은 어디까지나 영내에 머무르거나 강력한 경쟁자가 있었다. 전 세계적인 교역로를 압도적 해군력으로 경쟁자 없이 확보한 건 역사상 미국이 최초다.

❷ 교역로로 이동되는 핵심 전략자원은 식량과 석유다. 식량과 석유를 자급·자립하고 있는 나라는 극히 드물다. 둘 중 하나만 없어도 그 나라 경제는 파국을 맞는다. 이 핵심 전략자원의 이동을 사실상 통제하는 국가가 미국이다.

❸ 식량과 석유의 결제 수단은 달러다. 다른 결제 수단으로 전략자원을 거래하는 걸 미국은 용납하지 않는다. 이것이 포인트다. 미국은 자본주의에서 취할 수 있는 최대의 이익, 즉 발권력을 확보했다. '세뇨리지 효과'라고도 부르는 발권력은 쉽게 얘기하자면 돈을 찍어낼 권리다. 세상 최고의 이권이 무엇이겠는가? 바로 돈을 찍어내는 일이다.

자본주의는 기본적으로 통화가 공급되어야 유지되는 시스템이다. 인플레이션이 없으면 멈출 수밖에 없다. 스페인이 아메리카에서 화폐가 곧 부라는 인식으로 금과 은을 가져와 유럽에 풀어놓으며 인플레이션을 유발한 것이 자본주의의 시발점이다.

스페인이 일으킨 이 인플레이션을 가격혁명이라고 부르는 데는 그만한 이유가 있다. 단순한 인플레이션이 아니라 모든 중세 질서를 파괴하는 판도라의 상자였다.

인플레이션이 없다면 광범위한 이윤추구 행위는 불가능하다. 추가적인 화폐 공급이 없으면 누군가가 이익을 내면 누군가가 손해를 보는 제로섬 상황이 벌어진다. 모두가 이윤을 추구하는데 모두가 이윤을 얻을 수 있는 이유는 근본적으로 통화량이 늘어난 데 있다.

김 사장이 100원에 마진을 붙여서 팔고 이 사장이 100원에 마진을 붙여서 팔아도 둘 다 1년 후에 지금보다 부자가 될 수 있는 근본 이유는 화폐가 추가 공급됐기 때문이다. 자본주의는 늘어나는 통화량과 함께 재화가 늘어나며 발전하는 시스템이다. 끊임없이 성장하고 물가가 오르며 총량이 확대된다. 통화량과 재화의 상호 무한확대가 자본주의 성장의 메커니즘이고 역사다.

근대 초기 스페인의 약탈, 그 이후에는 금광·은광 개발이 통화량을 공급하는 근본 루트였다. 그러나 금광과 은광이 메마른 이후가 문제다. 이를 해결하기 위해 등장한 것이 패권국 미국이다. 달러는 마르지 않는 금광이었다.

미국은 세계 최대의 무역수지 적자국이다. 그 규모가 어마어마하다. 심한 경우 무역 적자 규모가 1조 달러에 육박한다. 다른 나라였으면 IMF 구조 금융을 받아도 수십 번은 받아야 할 상황인 거다. 그러나 미국은 IMF에 긴급자금을 요청할 필요가 없다. 달러를 찍어내면 되니까. 미국의 최대 수출품은 달러 그 자체다.

외국은 미국에 재화를 공급하고, 미국은 다른 나라에 달러를 공급한다. 이 질서에서 미국은 어마어마한 무역 적자국이고 다른 대부분 나라는 무역수지 흑자국이 된다.

전 세계 자본주의가 유지되는 근본적인 이유는 미국이 해양 교통로를 확보하고 석유와 식량이라는 전략물자를 통제하고 있으며 그 결제 수단인 달러로 유동성을 공급하고 있기 때문이다.

그렇게 유동성을 무한대로 공급하면 화폐의 신뢰도는 붕괴한다. 과도한 달러 발행은 로마제국이 금화에 납을 섞는 것, 흥선대원군이 당백전을 발행하는 것과 같은 행위다. 화폐 발행자 미국이 화폐사용자들에게서 세금을 걷는 발권 행위를 남발하는 것이다. 이러한 과도한 발권은 화폐에 대한 신뢰를 무너트린다. 금이 간 신뢰도의 틈을 타고 비트코인과 같은 가상화폐가 주목받게 된 면도 있다.

화폐 발행을 통한 간접적 세금 징수와 그로 인한 신뢰도 파탄의 수렁을 보여주는 사례가 바로 1차 세계대전 후 바이에른 공화국 독일의 초인플레이션이다. 프랑스가 요구한 전쟁배상금을 발권을 통한 간접 세금으로 해결하는 과정에서 독일 통화의 신뢰는 무너졌다. 그 신뢰 붕괴는 마침내 감당할 수 없는 화폐시스템 붕괴로 이어졌다.

그러나 화폐시스템 붕괴는 아직 벌어지지 않고 있다. 미국이 공급한 달러를 다른 나라들이 외화 보유액이란 창고에 넣어두었기 때문이다. 미국 채권을 사주고 달러를 다시 미국에 돌려보내 주는 거다.

채권이 만기가 되어도 회수하지 않고 계속 미국 채권을 사며 외화 보유액을 늘려가는 나라들. 그렇게 미국이 찍어낸 유동성은 흡수되고, 달러 가치는 폭락하질 않는다.

중국의 외화 보유액은 2015년 3조 8134억 달러였다. 중국은 미국에서 번 돈으로 미 채권을 사면서 다시 미국으로 돌려보내 줬다. 중국은 무역흑자를 내면서 경제 발전을 이뤄내고, 미국은 중국으로부터 싼 물건을 수입해서 물가와 소비경제를 유지하며, 중국은 다시 외화 보유액을 늘려 미국에 달러를 되돌려주는 밀월 관계. 이를 하버드대학 니얼 퍼거슨 교수는 '차이메리카'라 명명했다. 중국도 좋고 미국도 좋은 상생 관계는 이렇게 형성됐다.

이건 기본적으로 경제 논리가 아니라 정치 논리다. 이를 거부하는 나라에는 복수가 가해지는.

문제는 2008년 비우량주택담보대출(세브프라임모기지) 사태 이후 미국이 단행한 양적완화(quantitative easing)에 있다. 양적완화는 발권력 남용을 미화한 용어다. 말이 좋아 양적완화지 결국 돈 찍어서 뿌린 거다.

1차에 1조 7000억 달러. 2차에 6000억 달러. 그 이후에도 두 번의 소규모 양적완화가 있었다. 모기지 채권, 모기지 유동화 채권의 부실로 초래된 금융위기를 해결하기 위한 구제금융에 이 돈이 투입됐다.

우리는 죽으라고 금 모으기를 했는데 미국은 돈만 찍으면 된다. 리먼브러더스, AIG 등의 금융기관이 파생금융상품으로 사고 친 걸 돈 찍어서 해결하는 미국. 이는 결국 전 세계적으로 문제를 일으켰다.

우선 국제 곡물가가 폭등했다. 골드만삭스 등이 달러 유동성의 증대에 대응하면서 국제곡물시장에서 사재기를 해댔고, 카길 등의 메이저 곡물회사들도 수급조정을 하면서 제3세계 식량 수입국들이 감당하기에 버거울 만큼 곡물가가 올랐다.

이집트에서는 식량 폭동이 일어났다. 이 식량 폭동은 중동의 내전, 재스민 혁명으로 이어졌다. 몇몇 나라는 혁명이 일어나고 정국이 안정됐지만, 시리아는 끝도 없는 내전으로 빠져들었다. 끝없이 이어지는 아랍에서의 정국 불안은 결국 어마어마한 난민을 발생시켰다.

세계 난민기구에 따르면 전 세계 난민규모가 1억 명에 도달했다. IS, 시리아 내전, 아프리카 내전 등. 정우성과 앤젤리나 졸리가 열심히 홍보하는 세계난민기구 홈페이지에 접속하면 이 시각 현재 난민 현황을 파악할 수 있다. 냉전 붕괴 이후에 새로운 세계질서가 구축되리란 기대는 허무하게 무너지고 온 세상이 비관에 빠져있다는 현실을 통계로 파악할 수 있다.

세계가 비탄과 위험에 빠지자 오히려 달러는 안전자산으로서 평가받으며 가치가 올라갔다. 곡물가 폭등은 달러에 대한 도전을 사전에 차단한 미국의 선수였다. 그러나 선진국들이 달러 폭주를 묵묵히 용인한 것만은 아니다. 국제 통화 시스템과 세계 문제를 근본적으로 논의할 G20 정상회담은 이렇게 열렸다.

G20의 유래가 되는 G5, G6 회담은 국제 통화 시스템을 안정화하려는 모임이었다. 레이건 집권 시절 미국의 무역적자, 재정적자 일명 쌍둥이 적자는 임계치를 넘어가고 있었다. 이 문제를 해결하기 위해 1985년 G20의 전신 G5 회담이 열렸고, 일본과 독일이 외화 보유액을 늘리고 환율을 인위적으로 조정하여 달러 가치를 떠받치는 조처를 했다. 플라자 합의다.

그 합의 이후 엔화는 극적으로 1년 동안 달러 대비 2배 평가절상한다. 평가절상된 엔화는 어마어마한 거품을 일으켰다. 일본은 플라자 합의로 장기 불황을 사실상 피할 수 없었다. 새로 등극한 일왕의 연호를 딴 '헤이세이 공황'은 근원적으로 일본이 희생양이 된 플라자 합의에 연유했다.

대신, 일본은 플라자합의를 지렛대 삼아 국가안보상 편익을 얻을 수 있었다. 미사일기술통제체제 MTCR(missile Technology Control Regime) 협상 과정에서 우주 발사체를 가져도 되는 국가로 인정된 것이다. 명목상으론 인공위성을 쏘아 올려도 되고 사실상 대륙간탄도미사일을 가져도 되는 나라의 지위를 얻은 것. 게다가 어마어마한 플루토늄을 보유한다.

미국과 프랑스의 협조를 얻어 일본은 막대한 플루토늄 보유국이 됐다. 일본은 플라자 합의로 사실상 핵 무장에 필요한 만반의 준비를 다 해 놓았다. 일본의 핵 국가화의 야욕은 후쿠시마 원전사고로도 이어지니 세상의 모든 것에는 빛과 그림자가 있다. 후쿠시마 원전사고의 피해 규모는 현재까지도 명확하지 않다. 여전히 그 피해가 확대되고 있다고 보는 게 맞다.

다시 G20으로 돌아오자. 미국은 1985년 플라자 합의 때 수준에 이르는 사고를 터뜨렸다. 달러화 신뢰가 붕괴 직전까지 간 것이다. 속된 말로 미국이 거대한 똥을 싼 상황에서 플라자 합의 때 희생된 일본과 독일 같은 국가가 나왔을까? G20은 각자 할당해서 미국의 똥을 치우는 합의를 했을까? 아니다.

대미 무역흑자 1위 나라인 중국은 일본과 독일 같은 2차 세계대전 패전국이 아니다. 오히려 중국은 외화 보유액을 줄이기 시작했다. 달러 채권의 비율을 줄인 것이다. 2015년 1월에 3조 8134억 달러였던 외화 보유액은 2016년 1월엔 3조 2300억 달러로 줄어들었다.

일본은 어떨까? 일본 또한 기축통화국이다. 엔화가 IMF 특별인출권(SDR)의 바스켓 통화란 의미다. 일본은 기축통화국으로서 자신들도 양적완화를 시도했다. 아베노믹스라 불리는 일본식 양적완화와 경제 활성화 정책. 결국, 모두가 자국 중심으로 결정했다.

미국 패권의 한 축인 달러화의 불안은 지금 이 순간에도 지속하고 있고 각 나라는 알아서 통화관리에 만반의 신중을 기하고 있다.

탄소 배출권을 중심으로 한 발권 체제는 트럼프가 파리협정을 파기하면서 또다시 안갯속으로 빠져들었다. 탄소 배출권도 마르지 않는 금광 역할을 한다. 단, 탄소를 적게 배출하는 저개발 국가가 금광을 마이닝 한다는 장점이 있다. 비트코인도 마이닝을 통해 새로운 화폐공급이란 패러다임을 제공하고 있다. 지금 국제 통화질서는 혼돈 속에 여러 가능성이 논의되고 있다. 돈이 무엇이냐는 근본적 정의가 바뀌는 세계사적 대변환기에 서 있다.

이 와중에 중국은 항공모함을 만들고 바다로 진출을 시도하고 있다. 패권의 또 한 축인 교역로를 통한 자원확보를 둘러싸고 팽팽한 긴장이 조성되기 시작했다. 현재 해상 전력에서 중국은 미국에 도전장을 내놓을 수 없는 위치이다. 전력 차이가 나도 너무 난다. 중국이 지대함 미사일 CX1 등을 개발하며 대응력을 확보하려 하지만 미국과 일본은 중국의 대양 진출을 막는 1, 2, 3차 저지선까지 구축한 상태다.

이런 상황에서 중국이 추진하는 정책이 일대일로다. 신실크로드 정책이라 일컬어지는 이 정책은 유라시아 대륙에서 교통로를 확보해 미국 통제 밖에서 자원을 수급하겠다는 중국의 야심 찬 기획이다.

미국은 우리나라에 이 일대일로 정책에 가담하지 말라며 압박했다. 그러나 영국이 일대일로를 추진하는 국제 컨소시엄인 아시아인프라투자개발은행(AIIB)에 참여하며 미국의 동맹국 참가 저지의 둑을 무너트린 후 우리나라도 AIIB에 참여했다.

북한이 교통로를 열어줘야 대륙과 연결되는 한국으로서는 일대일로가 완성되기 전에 북한과의 관계를 개선해야 한다. 결국, 중국과 미국의 교역로 패권 전쟁은 이미 시작됐고 우리는 그 갈등의 중간에 깊숙이 자리 잡고 있다.

패권은 결국, 교통로를 확보하고 전략자원을 통제하는 힘이다. 전략 자원을 필요한 만큼 사용하고 발권 이익을 편취하는 이익을 누리면서 동시에 끊임없이 전쟁을 수행해야 하는 부담을 지고 있는 것이 패권국가다.

패권국가는 아직 미국이다. 미국은 이미 셰일 가스(shale) 개발로 산유국들로부터 휘둘리지 않고 석유를 수급할 능력을 회복하고 있다. 또 세계 식량 수출 시장 점유율을 4분의 1 수준으로 유지하고 있다. 금 보유량도 8133.5톤으로 압도적 1위다.

최종적으로 미국은 제조업 능력을 확대하고 무역수지를 개선하려 한다. 달러 발권이 통제되는 시대가 온다고 해도 현재의 소비경제를 유지할 근원적인 힘을 확보하겠다는 것이다. 자원, 식량을 자급할 역량을 지닌 대국 미국이 세계 최대의 공업국의 위상을 회복하겠다는 구상의 핵심에는 4차 산업혁명이 있다.

5

클랜으로 보라

* 클랜(Clan): 가문이란 뜻. 중세 유럽은 혈족 관계에 따라 영지와 귀족의 작위가 승계되었다. 영주는 귀족 간 정략결혼으로 자신의 영지를 넓히고 작위의 등급을 올릴 수 있었다. 영주는 가신을 거느렸으며 가신과 영주는 혈맹관계였다. 충성심, 의리 등의 윤리가 이 관계에서 나온다. 한국의 정치 상황을 이해하는 데 민주주의적 인간관보다는 때론 중세의 서약 관계와 클랜 개념을 도입하는 게 더 유용할 때가 있다. 이건희와 가신들, 각 분야의 기수, 선후배, 줄타기… 우리 관계망은 단순 계약관계를 넘어 주종관계의 서약을 요구하는 경우가 많다.

박근혜와 이재용이 모의한 범죄는 성공했다. 삼성물산, 제일모직 합병 말이다. 뇌물죄로 둘은 기소되었지만, 범죄의 목적은 관철됐고 그 이득을 경제적으로 추징할 방법도 적당히 응징할 방법도 없다. 중세적 클랜*(가문)이란 개념을 도입해야 이 사태는 명확히 보인다.

삼성물산, 제일모직의 합병으로 이익을 취한 주체는 이재용 개인이 아닌 이건희 클랜인 것이다. 이재용은 그 안의 구성원일 뿐이다. 이 클랜은 현재 건재하며 홍 씨 외가와 이재용의 어린 자녀들이 그 구성원이다. 이 클랜은 수많은 부역세력을 거느리고 있다. 사법부와 관료가 그 주축이며 학계, 정치인, 언론 등도 그 부역세력이다.

문제는 우리가 박근혜와 이재용에 집중하는 사이 부역자들과 클랜 자체를 응징하는 건 생각조차 못 하고 있다는 것. 가령, 이학수, 홍석현의 오디오 파일이 세상에 나와도 그 둘을 처벌할 수 없었던 건 그 둘을 보호하지 않으면 클랜이 위험해지기 때문이었다. 진실은 밝혀도 정치적으로 패배할 수 있다. 우리는 그런 세상에 살고 있다.

이제 박근혜를 넘어 이명박과 싸움이다. 진실이 세상 밖으로 나온다고 승리를 장담할 수 없다. 심지어 우리는 이미 진실을 알고 있다. 나꼼수를 통해. 그 진실을 안 지가 6년이 넘어가건만 우리는 패배에 패배를 거듭해왔다. 정권이 바뀌었다고 승리를 낙관할 수 없다. 진실을 알고 있다고 정의가 예정된 건 아니다. 우리는 조금 더 생각해야 하고 조금 더 싸워야 한다.

이명박이 살길은 자신의 클랜이 부서지면 공범들 모두 함께 죽는다는 공포감을 심는 것이다. '이명박이 혼자 죽진 않을 텐데, 이명박이 나의 범죄 사실을 아는데, 우리는 공범인데…' 라는 그 공포감의 네트워크가 견고함을 확인할 때 그들은 집단행동을 할 것이다.

스모킹건(결정적 증거)은 내부고발자가 될 것이다. 우리는 그 내부고발자를 끄집어내야 한다. 그리고 이명박을 고립해야 한다. 모든 부역세력을 처단할 수 없다면 일벌백계로 다스리되 역사의 기록으로 남기는 길을 선택해야 한다.

그들을 단죄해야 할 사법 시스템이 그들의 부역자였다. 검찰, 사법부, 국정원, 군 정보기관들은 그들의 가신들이 점유했던 기관들이다. 그들은 그 역사 앞에 겸허하지 못하다. 진실 앞에 통곡하며 자신들의 민낯을 국민에게 공개하고 사죄할 사람들이 아니다.

이명박을 잡아넣는다고 끝날 문제가 아니다. 이명박의 아들에게 차명 재산과 다스가 승계된다면 그 클랜은 살아남는 것이다.

이재용, 최순실, 그리고 이명박의 클랜은 건재할 것이다. 클랜의 주군이 이병철·이건희·이재용 또 다른 누구로 바뀌고, 최태민·최순실 그다음 승계자가 누군가로 바뀌고, 이상득 계열이건 이명박 아들이건 누군가에게로 이명박 클랜이 승계된다면 우리는 역사적 패배를 맛보는 것이다. 결국, 그들은 다시 일어선다.

우리가 진정 추구해야 할 것은 대한민국이란 국가, 특히 정부라는 그 관료체제가 이런 클랜들의 주종관계에 포섭되지 못하게 하여야 한다는 점이다. 몇몇 최상위의 클랜들에서만 이런 주종관계가 있겠나? 아니다. 우리는 대학동문, 고등학교 동문, 지역 동문, 사법연수원

기수, 임관 기수, 수많은 주종관계의 고리에서 벗어나 있지 않다.

재벌, 정치·관료·학벌 카르텔에 대한민국 정부는 옴짝달싹하지 못한다. 국가가 공동선을 위해 작동할 수 있는 자율성이 없다는 뜻이다. 국가가 이익단체들에 종속돼 버리는 게 민주화인가? 사회를 억압하던 독재를 극복하기 위해 국가의 권능을 줄여놨더니 국가가 역으로 탐욕에 먹혀버렸다면 이것이 민주화인가?

우리는 독재자의 권력을 온전히 재벌과 관료 등 기득권자에게 넘겨주고 말았다. 노동자, 농민, 보통 시민들을 민주화 과정에서 소외됐다.

오늘날 87년 체제의 적폐는 여전히 진행 중이다. 제도적 민주화가 경제 민주화, 시민 민주화로 이어지지 못하면 보수의 반동, 파시즘의 등장을 막을 수 없다. 사회의 여러 문제를 해결하기 위해 폭력적이고 독단적인 국가 우위 시스템. 자본도 노동자도 국가의 전체주의 이념에 신음하게 되는 그 파국. 지금 우리가 실패하면 우리는 그런 파국을 마주하게 된다. 우리는 지금 역사의 갈림길에 서 있다.

⑥

진보에 도사리는 수구화

'군자산의 약속' 세력이 민주노총을 장악한 지가 20년이 넘었다. 한데, 일반 조합원들이 직선제로 위원장을 선출하기 시작한 게 2014년이다. 직선 한상균 위원장은 군자산의 약속 세력이 아니다. 민주노총의 일당 독재가 깨진 셈이다. 하지만 민주노총의 주요 당직자는 정년을 보장받는 종신직이다. 그들이 자기 정파에 충성심을 가지겠나, 아니면 한상균 위원장에게 충성을 보이겠나?

민주노총 또한 NL, PD 정파 색은 옅어지고 있는 게 사실이다. 일반 조합원 중 간부들의 정파적 행동의 근원을 아는 세대가 갈수록 줄어들고 있다. 일반 조합원들과 80년대 이전 이데올로기 세대와 괴리는 갈수록 깊어지고 있다. 이 괴리로 조직이 괴멸적 쇠락으로 이어질지 대중조직으로 다시 태어나는 동기가 될지는 미지수다.

다만, 소통 불가 상황이 민주노총과 일반 대중뿐 아니라 민주노총 간부들과 일반 조합원들 사이에도 발생하고 있는 건 명백한 사실이다. 특권 고위 간부, 소련의 공산주의 몰락을 가져왔던 공산당 고위 간부들의 특권의식과 부패가 지금 우리 진보 진영 내에서도 만연해 있다는 게 대중의 일반적 인식이다. 취업 특혜, 업체들과의 유착, 자금 집행을 둘러싼 의혹, 중앙과 개별사업장 사이의 주도권 다툼, 비정규직에 대한 텃세 등 민주노총은 스스로 민주성에 흠집을 내는 행태를 오랜 기간 반복적으로 행하고 있다.

자, 수구 좌파를 욕하는 친노 대중에게 묻겠다. 민주당은 다른가? 민주당은 간부 위주의 정당이 아닌가, 권리당원 일반에게 문호를 개방하고 투명하게 당을 운영하고 있는가, 당 대표 선거를 당원 직선제로 하고 있는가, 당이 인력풀을 관리하고, 교육하고 있는가, 아니면 당원들이 정치에 무지한 상태를 내버려 두고 이를 즐기고 있는가? 과연 이런 상태에서 어떻게 수구 세력에게서 정치 권력을 이양받을 것인가?

간단하다. 국가를 운영하는 주요 공직에 출마하고 이력서를 내는 인력풀을 운동권과 시민사회가 독점하게 해서는 안 된다.

이너서클이 밀어주고 당겨주며 주요 보직과 사업을 독점하게 방치하면 안 된다. 선거에서 이긴 후 주요 직책을 실무 경험 없이 오로지 정치적 처세술에 능한 사람들이 차지하는 걸 언제까지 보고만 있을

텐가? 386세력과 정치카르텔을 구성한 자들을 그렇게 공격했지만, 문재인 주위를 둘러싼 건 결국 그 세력들이다.

친노는 선거에서 이긴 후 자리를 챙기는 싸움에서는 철저히 무관심했다. 추상적인 정서적 공동체요 정파는 아닌 탓에 정치의 기본인 포스트를 차지하고 정책 방향을 결정하고 예산을 집행하지 못했다.

집권의 힘은 친노 대중에게서 나오지만, 집권 후 운영은 수구 운동권이 대리하고 일이 잘못됐을 때 노무현이나 문재인이 집단을 대표해서 책임지는 이 패턴을 더는 반복할 수 없다.

문재인 대통령은 수구 좌파와 우파로부터 대중세력을 지켜내는 방파제다. 그 방파제 안에서 대중적 우파와 좌파가 빠르게 성장해야 한다. 타자를 향한 분노가 정치 이슈들을 잡아먹고 집단과 집단이 폭력과 증오로 맞서는 파시즘적 세태를 경계하고 시민의 상식적 가치가 담론으로 형성되어야 한다.

노무현이 남긴 진정한 유산을 곱씹으며

정의당 메갈 사태부터였다. 난 여성주의자들과 싸우다가 위안부 문제라는 큰 벽에 부닥쳤다. 워낙 첨예한 이슈인 만큼 이 책에서는 다루지 않았다. 그저 많은 문제를 제기해둔 상태라는 점만 밝히고 싶다.

'위안부 문제가 너무 부풀려진 것 아닐까, 22만 명이 어떻게 말이 되나, 정신대대책협의회(정대협)란 이름에서부터 위안부와 정신대를 동일시하는 오류를 범하는 게 아닐까, 여성계가 인식오류를 수정해야 할 타이밍을 놓치고 피해의식을 이용해 되돌릴 수 없는 폭주를 일삼는 건 아닌가 하는 것들이다. 대단히 첨예한 문제지만 우리는 진실에 접근해야 한다.

과거사가 정파 이익에 따라 왜곡되어선 안 된다는 내 주장과 연장선이다. 정대협과 여성단체연합을 중심으로 특정 정치세력을 매장할 힘을 확보한 여성계가 여성이란 이슈를 점유하며 국회의원과 각종 위원회에서 약진하고 있는 게 문재인 집권 후의 모습이다.

나는 일이 더 커지기 전에 수구 진보가 이 정권에서 더 큰 지분을 확보하는 걸 저지할 전선을 치고자 한다. 민주노총이 주도하는 징용 노동자상 건립 운동 또한 민주노총 중앙지도부가 역사적 사실을 부풀려 진행하는 파행적 행위로 바라보고 있다.

'750만 징용자'란 근거는 아무리 찾아도 없다. 당시 조선 인구의 3분의 1이 징용으로 끌려갔다? 성립할 수 없는 이야기다. 일본에 대한 적개심과 피해의식에 호소하는 것을 수구 좌파는 자신들의 존재감을 확인시켜줄 최후의 수단으로 활용하고 있다. 그 내용을 상당히 왜곡한 채 말이다.

이명박과 박근혜 세력, 수구 좌파는 적대적 공존을 하는 수구세력 일체다. 우리는 전선을 다르게 인식해야 한다. 이명박근혜는 사법적 처단을 단행하고 수구 좌파세력이 장악한 민주주의의 산물들은 다시 대중의 품으로 돌려놔야 한다.

민주노총의 헤게모니도 가져와야 하고 민주당의 헤게모니도 되찾아와야 한다. 한겨레도 어떻게 만든 신문인데 주주운동을 지속해서 펼쳐서라도 찾아와야 한다. 민주당과 민주노총은 일반 당원들과 조합원들이 대표를 뽑을 수 있는 창구를 열어놨다. 이제 우리가 참여해서 민주주의의 성과물을 민주시민의 품으로 되찾아오기만 하면 된다.

이 사회를 실질적으로 지배하고 있는 재벌, 사학, 종교, 언론, 토건족 등의 기득권과 전면적인 투쟁을 하기 위해서 우리는 집권당과 민주노총을 동시에 장악하는 정파를 만들어야 한다. 민주당이 부르주아 정당이고 자신들은 혁명조직이었다는 80년대의 이분법을 이제는 부숴야 한다.

노무현 대통령이 민노당 입당을 타진했을 때 민노당 사람들이 한 말은 '우리 서울대 출신 많다'였다. 노무현의 노선이란 노무현을 추앙하는 노선이 아니다. 학벌 좋고 스스로 평범하지 않다는 엘리트 의식에 절어서 아랫것들과 겸상하지 않겠다는 특권의식을 가진 꼰대들, 국민과 시민을 개돼지 취급하며 계도의 대상으로 본 수구 좌·우파 일체와의 투쟁이 노무현의 싸움이었다.

깡촌 태생의 고졸 변호사 노무현을 기죽이고 윽박질렀던 우리 사회. 그 구박 속에서 노무현은 한 번도 고개 떨구지 않고 당당했다. 처음에 그저 추상적인 가치로 다가왔지만, 세월이 흐를수록 이 사회의 관계 문화, 카르텔 문화, 간부 문화, 이너서클 문화에서 그가 주장한 원리·원칙, 투명한 사회를 향한 열망이 얼마나 실질적인 가치인가 우리는 깨달아가고 있다.

소득, 여가, 존엄, 문화. 나의 정파 운동의 4대 모토다. 소득과 여가를 즐기는 인간이 존엄한 인간이다. 일에 파묻혀 사는 인간은 절대 존엄한 인간이 아니다.

정치는 큰 이야기다. 세상과 나라와 역사를 얘기한다. 환경, 인종, 성평등, 계급, 종교갈등, 그 모든 게 나와는 멀리 있고 내가 신경 쓴다고 어찌 될 거 같지 않아 보인다. 하지만, 정치는 분명 우리의 삶과 연결되어 있다. 우리의 소득을 결정하고 우리가 쓸 수 있는 재화와 누릴 수 있는 여가와 문화의 경계선을 결정하는 건 정치다.

그저 서민이 밥 먹고 살며 치사하고 더러운 꼴 안 보고 두 다리 쭉 뻗고 살았으면 좋겠다는 그 투박하고 소박한 초선의원 노무현의 소망을 따라 여기까지 왔다. 알아듣기 쉬운 말이어서 이루기도 쉬울 줄 알았다. 노무현이 제시한 소박한 폴라리스(작은곰자리에서 가장 밝고 밤하늘 전체에서는 50번째로 밝은 별)는 아직도 먼 곳에서 방향을 알려주고 있다. 그 방향으로 걸어가야 하는 건 우리 몫이다.

내게 노무현은 대통령 이전에 정치철학자다. 그는 대중을 향한 열망을 현실정치에서 풀어내려 했던 이상주의자였다. 자기 자신이 고졸, 촌놈, 비주류로서 노력하고 성취를 이뤄도 자기를 내치려 하는 거대한 벽에 맞서 싸운 사람. 그는 지식인으로서 후대 사람들의 열망에 불을 지필 영감을 남겨놓았다.

카르텔에 맞서서 서민을 지키고자 했던 노무현. 시민이 각성해 조직된 힘을 가지길 원했던 노무현. 거버넌스를 통해 관료 시스템을 뛰어넘는 답을 얻어내려 한 노무현. 노무현은 절망의 정치에서 시민을 보고 그 시민들의 깨어남에 희망을 품으며 산화해갔다.

그 노무현을 옆에서 지켰던 유시민, 그리고 문재인. 난 이 시민을 깨어있는 조직으로 만들어내기 위해 노무현이 그리던 꿈을 실현하기 위한 활동가의 길로 들어섰다. 조직가, 이론가로서 내가 가야 할 길은 멀다. 앞으로 30년, 6번 연속 민주세력의 집권. 그 과정에서 민주세력은 뼈를 깎는 아픔을 겪어야 할 것이다. 그 환골탈태에 함께할 것이다. 난 한국의 정치가 이제는 인류사의 전위에 서서 가장 앞선 민주주의를 할 때가 되었다고 생각한다. 이 책이 여러분과 그 꿈을 함께 꾸기 시작하는 기점이 되었으면 한다. ●